„Gewidmet
allen,
die GOTT
in seinem Wort
suchen"

MARKUS-EVANGELIUM

Bibelkurs

Das
Markus-Evangelium
in
84 Tagen

© 2021. Impressum: Katholische Neu-Evangelisierung, 1180 Wien

Verlag & Druck: **tredition** GmbH, Halenreie 40-44, D-22359 Hamburg

ISBN
Paperback 978-3-347-26789-3
Hardcover 978-3-347-26790-9
e-Book   978-3-347-26791-6

Einheitsübersetzung der Heiligen Schrift: © Katholisches Bibelwerk Stuttgart
Wir danken für die Abdruckgenehmigung

Über tredition - EIN EIGENES BUCH VERÖFFENTLICHEN

tredition wurde 2006 in Hamburg gegründet. Seitdem hat **tredition** mehrere tausend Buchtitel veröffentlicht. Autoren veröffentlichen in wenigen einfachen Schritten gedruckte Bücher, e-Books und audio-Books. **trediton** hat das Ziel, die beste und fairste Veröffentlichungsmöglichkeit für Autoren zu bieten. **tredition** wurde mit der Erkenntis gegründet, dass nur etwa jedes 200. bei Verlagen eingereichte Manuskript veröffentlicht wird. Dabei hat jedes Buch seinen Markt, also seine Leser. **tredition** sorgt dafür, dass für jedes Buch die Leserschaft auch erreicht wird. Im einzigartigen Literatur-Netzwerk von **tredition** bieten zahlreiche Literatur-Partner (das sind Lektoren, Übersetzer, Hörbuchsprecher und Illustratoren) ihre Dienstleistung an, um Manuskripte zu verbessern oder die Vielfalt zu erhöhen. Autoren vereinbaren direkt mit dem Literatur-Partner die Konditionen ihrer Zusammenarbeit und partizipieren gemeinsam am Erfolg des Buches. Das gesamte Verlagsprogramm von **tredition** ist bei allen stationären Buchhandlungen und Online-Buchhändlern wie z.B. Amazon erhältlich. e-Books stehen bei den führenden Online-Portalen (z.B. iBookstore von Apple oder Kindle von Amazon) zum Verkauf.

JETZT EIN BUCH VERÖFFENTLICHEN: **www.tredition.de**

„DAS EVANGELIUM BEI SICH TRAGEN" Papst Franziskus

„Es gilt, Jesus nachzufolgen um ihn zu hören. Ebenso spricht Jesus aber auch aus dem schriftlich fixierten Wort, dem Evangelium, zu uns. Ich stelle euch die folgende Frage: Lest ihr jeden Tag einen Abschnitt aus dem Evangelium? Ja, nein … ja, nein …Manche schon und andere nicht. Es ist aber wichtig! Lest ihr das Evangelium? Es ist eine Wohltat; es tut gut, ein kleines Evangelium bei sich in der Tasche zu haben und sich in jedem beliebigen Moment des Tages einem kurzen Abschnitt daraus zu widmen. Während des Tages kann ich das Evangelium jederzeit aus meiner Tasche hervorholen und eine Stelle daraus lesen. Jesus spricht zu uns aus dem Evangelium! Denkt daran. Es ist nicht schwierig und es müssen nicht einmal alle vier sein: Es ist ausreichend, immer ein kleines Evangelium bei uns zu tragen, damit wir das Wort Jesu hören können." (16.3.2014)

„Eine Bibel in jede Familie! Nicht um sie in ein Regal zu stellen, sondern um sie bei Hand zu haben, um sie oft zu lesen, jeden Tag, sowohl allein als auch gemeinsam, Eheleute, Eltern, Kinder, vielleicht am Abend, besonders am Sonntag. So wächst die Familie, so geht sie voran, mit dem Licht und der Kraft des Wortes Gottes!" (5.10.2014)

Papst em. Benedikt XVI.:

„Die Kirche muß sich immer wieder erneuern und verjüngen, und das Wort Gottes, das nicht altert und nie versiegt, ist dazu das beste Mittel. Daher möchte ich die **Lectio Divina** („Geistliche Lesung") in Erinnerung rufen. Das eifrige Studium der Heiligen Schrift, begleitet von Gebet, führt zu jenem innigen Gespräch, bei dem wir das Herz vertrauensvoll öffnen, Gott hören, wenn wir lesen und ihn anreden, wenn wir beten. Bei entsprechender Förderung, davon bin ich übezeugt, wird die Lectio Divina der Kirche einen neuen Frühling bringen. Als Fixpunkt der Bibelpastoral ist daher die Lectio Divina weiter zu fördern, auch durch den Einsatz neuer, gründlich erwogener und zeitgemäßer Methoden."

Zitat ©libreria editrice vaticana

Brief aus dem Vatikan:

„Sie haben dem Heiligen Vater Initiativen zur Verbreitung des Evangeliums vorgestellt, die Sie mit der Arbeitsgemeinschaft *Katholische Neu-evangelisierung* durchführen möchten. In hohem Auftrag danke ich Ihnen für Ihre Zeilen und für Ihren Einsatz im Dienste der Frohen Botschaft, der zugleich Ihre Verbundenheit mit dem Nachfolger Petri und seinem universalem Hirtendienst zum Ausdruck bringt. Seine Heiligkeit Papst Benedikt (Anm. des Herausgebers: jetzt Papst em.) XVI. schließt Sie in sein Beten ein und erteilt Ihnen von Herzen den erbetenen apostolischen Segen."

Mit besten Wünschen - Msgr. Gabriel CACCIA, Assessor

TIPPS FÜR DIE BIBELLESUNG
Lectio Divina - Geistliche Lesung. Einfache Form.

* Gott den ersten Platz geben - sein Wort hat Priorität.
* Eine bestimmte Zeit für die Bibellesung reservieren.
* Ruhig werden, sich sammeln.
* Beten. Gott bitten, er möge sein Licht senden.
* Die Bibelstelle Satz für Satz langsam und in Demut lesen. Innehalten, bis jeder Satz angekommen ist.
* Was ist die eigentliche Aussage? Was will Gott mir sagen? Kernsatz einprägen - aufschreiben - mitnehmen.
* Danken, preisen, bitten, sich Gott anvertrauen.

Lectio Divina für Fortgeschrittene

* **Lectio (Lesen)** – gespannte Aufmerksamkeit, mit offenem Herzen. Langsam, genau lesen, mit Sorfalt und Ausdauer.

* **Meditatio - Ruminatio (Versenkung - Wiederholung)** – die Seele in den Text „hineinhängen", bis zum Kern der   Worte vordringen, aufnehmen. Den Text -„Wiederkäuen", bis das Wort „schmeckt" und Nahrung wird.

* **Oratio (Gebet)** – der betende, sehnsüchtige Aufblick zu Gott, das im bittenden Vertrauen sich Gott anvertrauen, das   im Glauben Hoffen.

* **Contemplatio (Verweilen)** – das bei Gott bleiben, das Verkosten seiner Gegenwart, das Ruhen im Geist, das Sich lieben lassen und lieben.

GEBET VOR DER BIBELLESUNG

Herr und Gott, vieles wird geredet, und vieles wird geschrieben. Dein Wort aber ist anders als alle Wort der Welt. Es ist das Wort in unser Leben, ein Wort, das ermutigt, ein Wort, das trifft. Es ist wahr und bleibt für immer. Es ist lebendig und drängt zum Tun. Herr, laß mich hören, was Du mir sagst.

GEBET NACH DER BIBELLESUNG

Herr und Gott, ich danke dir für dein Wort. Es ist mehr als eine Lehre, mehr als ein Gesetz, mehr als ein Rezept. Es geht mein Leben an. Es richtet mein Tun, stellt mich in Frage, fordert Änderung und Bekehrung von mir. Herr, laß mich tun, was du sagst.

BIBELKURS: DURCHFÜHRUNG UND ZIEL

Dieses **kommentierte Markus-Evangelium** ist als **Bibelkurs** geeignet. Vorschlag für die Durchführung des Bibel-Kurses:
* **Täglich einen Abschnitt lesen.** Dafür 10 bis 15 Minuten reser-vieren. Nicht entmutigen lassen, wenn es einmal (öfter) nicht geht.
* **In Ruhe darüber nachdenken:** Was ist die Textaussage? Welcher Satz berührt mich am meisten? Was kann ich für mich entnehmen?
* Das kurze Gebet als Hilfe für ein **Gespräch mit Jesus** verwenden.
* Danach, als Abschluß, ein **Vater Unser** beten. Alle Anliegen und Menschen dem Vater durch Jesus Christus übergeben.
(Hinweis: Die kurzen Gebete nach jedem Kommentar wurden vom Herausgeber, nicht von den Autoren formuliert).
Mit dem Bibelkurs kann **jederzeit** begonnen werden.
Ziel des Bibelkurses ist, Jesus Christus (besser) kennen zu lernen, damit jeder sein Lebensziel erreicht: das Reich Gottes (Mk 1,15).

KOMMENTARE

Sie sind bewußt in einer für alle leicht verständlichen Ausdrucksweise verfaßt. Die persönliche Eigenart der Autoren macht dieses Bibellesebuch farbig und lebendig. Alle, die Jesus und die Kirche (besser) kennenlernen möchten, mögen daraus reichen Nutzen ziehen.

Das älteste, griechisch geschriebene Evangelium wird nach altkirchliche Über-lieferung *M a r k u s* zugeschrieben. Damit ist Johannes Markus aus Jerusalem gemeint, Sohn einer Maria, in deren Haus sich die Urgemeinde in Jerrusalem versammelte. Er war ein Vetter des Barnabas, Mitarbeit des Paulus und später auch des Petrus (vgl. Phlm 24; Kol 4,10; Apg 12,12; 13,5; 15,36-39; 1 Petr 5,13). Ebenfalls nach altkirchlicher Überlieferung schrieb er sein Evangelium in Rom. Indem Markus vom Wirken und vom Schicksal Jesu berichtet, verkündet er, daß Gott durch Jesus seinen Willen offenbart hat, die Menschen zu retten: Jesus ist der verheißene Messias, der Sohn Gottes. Durch sein Wirken ist die Heilszeit angebrochen (1,15). Er überwindet das Unheil, die Herrschaft Satans und seiner Helfer (Dämonen-austreibungen; Krankenheilungen), er vergibt Sünden (2,1-12), verkündet den unverfälschten Willen Gottes (2,27f; 7,1-23) und richtet das Reich Gottes auf (Kap. 4). Weil in seiner Person Gottes Vollmacht in Niedrigkeit auftritt, wird sein Geheimnis nicht begriffen. Die einzig ange-messene Haltung der Botschaft Jesu gegenüber ist unbedingter Glaube.

Evangelium

von Jesus Christus,

dem Sohn Gottes

Mk 1,1

1. Tag: 1,1-8:
Johannes der Täufer

Anfang des Evangeliums von Jesus Christus, dem Sohn Gottes: Es begann, wie es bei dem Propheten Jesaja steht:

**Ich sende meinen Boten vor dir her;
er soll den Weg für dich bahnen.
Eine Stimme ruft in der Wüste:
Bereitet dem Herrn den Weg - ebnet ihm die Straßen!**

So trat Johannes der Täufer in der Wüste auf und verkündigte Umkehr und Taufe zur Vergebung der Sünden. Ganz Judäa und alle Einwohner Jerusalems zogen zu ihm hinaus; sie bekannten ihre Sünden und ließen sich im Jordan von ihm taufen. Johannes trug ein Gewand aus Kamelhaaren und einen ledernen Gürtel um seine Hüften und er lebte von Heuschrecken und wildem Honig. Er verkündete: Nach mir kommt einer, der ist stärker als ich; ich bin es nicht wert, mich zu bücken, um ihm die Schuhe aufzuschnüren. Ich habe euch nur mit Wasser getauft, er aber wird euch mit dem Heiligen Geist taufen.

Markus beginnt sein Evangelium nicht mit dem Stammbaum Jesu oder seiner Geburt, sondern direkt mit seinem Auftreten ian Palästina als Erwachsener. Obwohl das Alte Testament als Ganzes den Erlöser ankündigt, hält Gott es für angebracht, die Zeitgenossen Jesu nochmals unmittelbar auf sein Kommen vorzubereiten. Johannes der Täufer ist der Rufer in der Wüste. Er steht an der Schwelle der neuen Zeit: Er ist der einzige unter den Propheten, der Jesus persönlich kennen gelernt hat. Er ruft zu Buße, Umkehr und zum Empfang der Taufe auf. Sein Leben überzeugt die Menschen, sodass viele seinem Aufruf folgen. Uneigennützig macht er sie darauf aufmerksam, dass nicht er der Messias ist. Er bereitet nur vor. Der Messias wird sie mit dem Heiligen Geist taufen, sodass sie wirklich gereinigt werden und imstande sind, ihn innerlich aufzunehmen. Damit man Jesus erkennen und sein Wort annehmen kann, muss man sich dem Messias zuwenden und

innerlich frei sein. Dabei hilft uns die Stimme jener, die zu jeder Zeit eindringlich auf den Gottessohn hinweisen. Immer ist es aktuell, Hindernisse für Gott aus unserem Herzen und unserem Leben zu entfernen.

JESUS, du hast durch Johannes den Täufer auf deine Ankunft hingewiesen. Hilf mir, zu jeder Zeit für dich bereit zu sein.

2. Tag: 1,9-11
Die Taufe Jesu

In jenen Tagen kam Jesus aus Nazaret in Galiläa und ließ sich von Johannes im Jordan taufen. Und als er aus dem Wasser stieg, sah er, dass der Himmel sich öffnete und der Geist wie eine Taube auf ihn herabkam. Und eine Stimme aus dem Himmel sprach: Du bist mein geliebter Sohn, an dir habe ich Gefallen gefunden.

Jesus braucht die Taufe des Johannes nicht. Aber aus Demut stellt er sich unerkannt in die Reihe der Sünder, um zu tun, was recht ist. Ab nun ist das Wasser geheiligt und wird in dem Sakrament der Taufe die Sünden abwaschen. Als Jesus aus dem Wasser steigt, ereignet sich eine Theophanie, eine besondere Erscheinung des dreifaltigen Gottes: Gott der Vater zeigt sich durch die Stimme und der Heilige Geist kommt in der Gestalt einer Taube auf den Sohn herab. Die Worte „Du bist mein geliebter Sohn" weisen Jesus als Sohn Gottes, als Gottmenschen aus. Seit damals kann man sich vorstellen, dass bei jeder Taufe sich ebenso der Himmel öffnet, der Heilige Geist das kleine Kind, das da getauft wird, ganz erfüllt, und Gott sagt: „Du bist mein geliebter Sohn, meine geliebte Tochter". Alle Getauften sind durch dieses Sakrament Kinder Gottes und fähig geworden, ihr Leben als Gottes geliebte Kinder und als Brüder und Schwestern des Erstgeborenen Jesus Christus zu leben. Das hilft uns, vor allem in Situationen der äußeren Not oder der inneren Bedrängnis tief auf Gott als unseren Vater zu vertrauen.

JESUS, ich möchte von dir lernen, den Vater zu lieben wie du ihn liebst.

3. Tag: 1,12-13
Die Versuchung Jesu

Danach trieb der Geist Jesus in die Wüste. Dort blieb Jesus vierzig Tage lang und wurde vom Satan in Versuchung geführt. Er lebte bei den wilden Tieren und die Engel dienten ihm.

Viel kürzer als Matthäus und Lukas erzählt der Evangelist Markus von den Versuchungen Jesu in der Wüste. Aber er sagt Wesentliches. An manchen Stellen der Schrift wird wie hier ausdrücklich auf das Wirken des Geistes in Jesu Leben hingewiesen. Dadurch wird an diesen Stellen die Tatsache, dass dieser Jesus als der Sohn Gottes seine Aufgabe als Messias, als Erlöser erfüllt, hervorgehoben: Im Heiligen Geist geht er in die Wüste, und im Heiligen Geist, der bei ihm und in ihm ist, überwindet er die Versuchungen Satans. Es ist eine der am schwersten verständlichen Stellen der Evangelien: Wie kann der Teufel auf die Idee kommen, Gott in Versuchung zu führen? Manche Autoren meinen, dass er sich aufgrund der bis dahin völlig unauffälligen Lebensweise Jesu nicht sicher war, ob Jesus der Messias sei. Jesus hat sich in der Wüste – mit Gebet, Verzicht, Nüchternheit – auf sein öffentliches Wirken vorbereitet und in der daraus geschöpften Kraft Satan besiegt. Er gibt uns auch darin ein Beispiel. Der menschgewordene Gottessohn ist vom Teufel niemals besiegbar. Als Herr über die Schöpfung sind die Engel und die Tiere an seiner Seite. Verbunden mit Jesus können auch wir alle Versuchungen des Bösen überwinden, indem wir beten und Verzichte üben, die unserem Leben als Christen förderlich sind.

4. Tag: 1,14-15
Erstes Auftreten in Galiläa

Nachdem man Johannes ins Gefängnis geworfen hatte, ging Jesus wieder nach Galiläa; er verkündete das Evangelium Gottes und sprach: Die Zeit ist erfüllt, das Reich Gottes ist nahe. Kehrt um, und glaubt an das Evangelium!

Gleich am Anfang seines öffentlichen Auftretens ruft Jesus zur Umkehr auf, die notwendig ist; denn nur so kann das Reich Gottes entstehen. Das ist die Fülle der Zeit: Die Geschichte unserer Welt, der gesamten Schöpfung; findet im Kommen des Menschensohnes und seines erlösenden Wirkens den Höhepunkt. Er ist das Alpha und das Omega, er ist die Mitte. Er möchte sein Reich in den Herzen der Menschen aufrichten, damit er auch dort die Mitte sei. Umkehr und Glaube gehen Hand in Hand: Die Umkehr ist für den Glauben notwendig, sie zeigt die Bereitschaft, den Glauben anzunehmen; und der Glaube führt wiederum dazu, sich mehr Gott zuzuwenden und ihn als Herrn des eigenen Lebens anzuerkennen.

JESUS, deine Gnade stehe mir allezeit bei, Versuchungen zu erkennen und sie zu besiegen. Denn ich möchte deinem Ruf zur Umkehr ohne Einschränkungen folgen können.

5. Tag: 1,16-20
Die Berufung der ersten Jünger

Als Jesus am See von Galiläa entlangging, sah er Simon und Andreas, den Bruder des Simon, die auf dem See ihr Netz auswarfen; sie waren nämlich Fischer. Da sagte er zu ihnen: Kommt her, folgt mir nach! Ich werde euch zu Menschenfischern machen. Sogleich ließen sie ihre Netze liegen und folgten ihm. Als er ein Stück weiterging, sah er Jakobus, den Sohn des Zebedäus, und seinen Bruder Johannes; sie waren im Boot und richteten ihre Netze her. Sofort rief er sie und sie ließen ihren Vater Zebedäus mit seinen Tagelöhnern im Boot zurück und folgten Jesus nach.

Gleich am Anfang seines öffentlichen Wirkens ruft Jesus Menschen; er beruft sie in seine Nachfolge: „Kommt her!" ist soviel wie die Einladung, ihre Sachen, d. h. ihre Netze, ihre Boote und ihre Arbeit, ja viel mehr, eigentlich ihr ganzes Leben und alles, was ihnen wichtig ist, hinter sich zu lassen. „Folgt mir nach!" ist die Aufforderung, seine Jünger zu werden und

überall dorthin zu gehen, wo er hingeht. Vielleicht haben sie Jesus schon gekannt, aus dem Johannes-Evangelium kann man das schließen. Jedenfalls reagieren alle vier angesprochenen Fischer ohne zu zögern auf sein Wort, lassen alles zurück und folgen ihm. Seitdem sind sie Vorbild für alle Menschen: So wie sie sollten sie auf das Wort Jesu hören. Dabei ist es nicht so wichtig, wo und wie Gottes Ruf ergeht, ob beim Beten oder bei einer Tat der Nächstenliebe oder wie bei den Jüngern Jesu mitten in der Arbeit. Sie sind Vorbild für alle Gerufenen: Auch wir sollen alles für weniger wichtig ansehen und ihm sofort nachfolgen. Zwar sind diese ersten Apostel damit noch nicht vollkommen geworden. An der Seite Jesu werden auch ihre Mängel und Schwächen sichtbar, vor allem zur Stunde des Leidens. Aber sie haben den ersten Schritt ohne Zögern getan, damit auch wir es so machen. Gleichzeitig sagt uns Jesu Einladung: in seine Nachfolge einzutreten bedeutet, Menschenfischer, Apostel zu sein bzw. es in der Nachfolge, durch die Nähe Jesu, zu werden. In der Jüngerschule lernen wir, für das Reich Gottes einzutreten, bis wir ganz zuletzt, gestärkt durch den Heiligen Geist, dafür unser Leben hingeben. Alles begann durch diese erste Begegnung - die Apostel entsprachen der ersten Gnade.

JESUS, lass mich in deiner Nachfolge nicht müde werden, sondern immer neu beginnen. Hilf mir, Menschen für dein Reich zu gewinnen.

6. Tag: 1,21-28
Jesus in der Synagoge von Kafarnaum

Sie kamen nach Kafarnaum. Am folgenden Sabbat ging er in die Synagoge und lehrte. Und die Menschen waren sehr betroffen von seiner Lehre; denn er lehrte sie wie einer, der (göttliche) Vollmacht hat, nicht wie die Schriftge-lehrten. In ihrer Synagoge saß ein Mann, der von einem unreinen Geist besessen war. Der begann zu schreien: Was haben wir mit dir zu tun, Jesus von Nazaret? Bist du gekommen, um uns ins Verderben zu stürzen? Ich weiß, wer du bist: der Heilige Gottes. Da befahl ihm Jesus: Schweig und verlass ihn! Der

unreine Geist zerrte den Mann hin und her und verließ ihn mit lautem Geschrei. Da erschraken alle und einer fragte den andern: Was hat das zu bedeuten? Hier wird mit Vollmacht eine ganz neue Lehre verkündet. Sogar die unreinen Geister gehorchen seinem Befehl. Und sein Ruf verbreitete sich rasch im ganzen Gebiet von Galiläa.

Jesu Wirken ist Heilswirken: Er ist der göttliche Lehrer, der seine Zuhörer „mit Vollmacht", im Heiligen Geist, unterweist. Seine Predigt ist nicht nur nicht langweilig, sondern sie berührt unmittelbar Kopf und Herz, weil er über bloße Regeln und Auslegungen hinausgeht und den Weg des Lebens weist. Jesus „heilt" seine Zuhörer nicht nur von ihrer Unwissenheit, sondern er macht ihnen auch deutlich, was in ihrem Inneren gegen Gott steht und hilft ihnen, das zu überwinden. Wie wichtig ist es, damals wie heute, auf die Stimme Jesu wirklich zu hören! Vor allem aber heilt Jesus die Kranken und die von bösen Geistern Besessenen. Die bösen Geister erkennen ihn, ihr Zeugnis für ihn erlaubt er aber nicht: „Schweig!" befiehlt Jesus. Alle seine Heilungen sind ein von den Propheten angekündigtes Zeichen für die Ankunft des Reiches Gottes, für eine echte Befreiung und Rettung der Menschen. Die Heilungen des Leibes sind daher im Evangelium ein Hinweis, dass Jesus gekommen ist, unsere Seelen gesund zu machen, damals wie heute. Heilungen des Leibes sind heutzutage selten, auch wenn sie weiterhin vorkommen. Die Heilung der Seelen geschieht seit damals unaufhörlich durch seine großzügige Gnade, vor allem in der Taufe und in der Beichte. Es liegt an den Menschen, seine Barmherzigkeit und Güte auszuschöpfen.

JESUS, schau auf meine Schwächen und Gebrechen und heile mich durch deine Gnade.

7. Tag: 1,29-34
Die Heilung der Schwiegermutter des Petrus - Heilung von Bessesenen und Kranken

Sie verließen die Synagoge und gingen zusammen mit Jakobus und Johannes gleich in das Haus des Simon und Andreas. Die

Schwiegermutter des Simon lag mit Fieber im Bett. Sie sprachen mit Jesus über sie, und er ging zu ihr, fasste sie an der Hand und richtete sie auf. Da wich das Fieber von ihr und sie sorgte für sie. Am Abend, als die Sonne untergegangen war, brachte man alle Kranken und Besessenen zu Jesus. Die ganze Stadt war vor der Haustür versammelt, und er heilte viele, die an allen möglichen Krankheiten litten, und trieb viele Dämonen aus. Und er verbot den Dämonen zu reden; denn sie wussten, wer er war.

Jesus ist für alle da, und für jeden Einzelnen. Er geht auf die Massen zu und gleichzeitig kümmert er sich um jeden, beugt sich über ihn, hat ein ermutigendes Wort und heilt. Es wundert uns nicht, dass er sich der Schwiegermutter des Petrus besonders annimmt. Petrus hat alles zurückgelassen und ist an der Seite Jesu. Der aber wird für seine Familie zum Segen. Gott lässt die Seinen nicht im Stich! Wer ihm großzügig folgt, erfährt seine Güte und erkennt, dass Gottes Großzügigkeit uns immer übertrifft. Jesus ist bereit, überallhin zu gehen, wo man ihn bittet. Doch meistens kommen jene, die seine Hilfe suchen, ohnedies zu ihm, sie laufen ihm überall nach. Das ermutigt uns, ihm alle Kranken und Leidenden vorzustellen und ihn für sie zu bitten: Wie viele Kranke und Leidende gab es zu allen Zeiten - bis heute! Jesus hat die bösen Geister wirksam zurückgedrängt und so die Menschen von ihrem Einfluss befreit. Dennoch sind sie nach wie vor in der Welt und können auch heute den Menschen gefährden. Sie sind vor allem eine Gefahr für die Seele. Auch heute helfen das Vertrauen und die Zuflucht zum Herrn.

JESUS, schau auf alle, die an Leib und Seele leiden, und schenke ihnen Heilung.

8. Tag: 1,35-45
Aufbruch von Kafarnaum; Die Heilung eines Aussätzigen

In aller Frühe, als es noch dunkel war, stand er auf und ging an einen einsamen Ort, um zu beten. Simon und seine Begleiter eilten

ihm nach, und als sie ihn fanden, sagten sie zu ihm: Alle suchen dich. Er antwortete: Lasst uns anderswohin gehen, in die benachbarten Dörfer, damit ich auch dort predige; denn dazu bin ich gekommen. Und er zog durch ganz Galiläa, predigte in den Synagogen und trieb die Dämonen aus.

Ein Aussätziger kam zu Jesus und bat ihn um Hilfe; er fiel vor ihm auf die Knie und sagte: Wenn du willst, kannst du machen, dass ich rein werde. Jesus hatte Mitleid mit ihm; er streckte die Hand aus, berührte ihn und sagte: Ich will es - werde rein! Im gleichen Augenblick verschwand der Aussatz und der Mann war rein. Jesus schickte ihn weg und schärfte ihm ein: Nimm dich in Acht! Erzähl niemand etwas davon, sondern geh, zeig dich dem Priester und bring das Reinigungsopfer dar, das Mose angeordnet hat. Das soll für sie ein Beweis (meiner Gesetzestreue) sein. Der Mann aber ging weg und erzählte bei jeder Gelegenheit, was geschehen war; er verbreitete die ganze Geschichte, sodass sich Jesus in keiner Stadt mehr zeigen konnte; er hielt sich nur noch außerhalb der Städte an einsamen Orten auf. Dennoch kamen die Leute von überallher zu ihm.

Jesus sucht und findet trotz allen Andrangs Zeit zum Gebet. Er entzieht sich nicht den Menschen, aber er verwendet auch Zeit für den innigen, ungeteilten Umgang mit seinem Vater im Himmel. Jesus schaut nicht auf sich, hat nicht zuerst und vor allem sich im Blick, sondern schenkt sich großzügig Gott und den Menschen. Um Kraft zu haben für den Dienst am Nächsten braucht man das Gebet, das Gespräch mit Gott. Zuerst Gott, dann die anderen, zuletzt wir selbst, das ist eine gute Ordnung. Es ist klar, dass die Menschen Jesus suchen, denn so viele – alle – möchten geheilt werden. Aber er orientiert sich nicht bloß an dem, was die Leute wollen. Er will zu allen gelangen – sein Einsatz, seine Großzügigkeit kennen keine Grenzen.

Bei manchen Kranken ist schon ihr Blick eine Bitte um Heilung. Beim Aussätzigen ist es anders: Er kommt und bittet: „Wenn du willst ..." Er

kommt mit Vertrauen, denn er weiß, dass Jesus alles kann. Die Heilung vom Aussatz, von der äußeren Unreinheit ist ein Hinweis auf die Heilung des Inneren, des Herzens, der Seele: „Selig, die ein reines Herz haben ..." (Mt 5,8). Damals wie heute ist diese Herzensreinheit absolut notwendig, um Gott schon in dieser Welt zu schauen: Der ungetrübte Blick auf ihn, der innerlich freie Umgang mit ihm! Aus Mitleid heilt Jesus den Aussätzigen: Unergründlich groß ist diese Güte, diese Barmherzigkeit des Herrn, mit der er sich aller erbarmen möchte und es auch tut, wenn sie nur darum bitten. Und so groß ist die Freude des Geheilten, dass er das Verbot Jesu unmöglich einhalten kann und überall von der Heilung erzählt. Machen auch wir sein barmherziges Wirken bekannt, künden auch wir die Großtaten Gottes!

JESUS, manchmal verlieren wir dich aus den Augen. Lass dich wieder finden, damit wir mit neuer Kraft und Klarheit dem Nächsten von dir erzählen können.

Markus Kap. 2 - Einleitung

Im 2. Kapitel des Markusevangeliums lesen wir vier Perikopen, die bei aller Unterschiedlichkeit doch eines gemeinsam haben: Jesus sagt oder tut etwas, das von manchen der Menschen, die es erleben, als verstörend empfunden wird. Es kommt zu Gesprächen, in denen Jesus auf den Widerspruch eingeht: Er stellt Gegenfragen, die die tiefere Ursache der Verwunderung aufdecken. Er formuliert kurze Merksätze, über die man lange nachdenken kann. Und gegen Schluss steht meist auch ein "starkes" Wort, das prägnant festhält, was seine Sendung ist.

9. Tag: 2,1-12
Die Heilung eines Gelähmten

Als er einige Tage später nach Kafarnaum zurückkam, wurde bekannt, dass er (wieder) zu Hause war. Und es versammelten sich so viele Menschen, dass nicht einmal mehr vor der Tür Platz war; und

er verkündete ihnen das Wort. Da brachte man einen Gelähmten zu ihm; er wurde von vier Männern getragen. Weil sie ihn aber wegen der vielen Leute nicht bis zu Jesus bringen konnten, deckten sie dort, wo Jesus war, das Dach ab, schlugen (die Decke) durch und ließen den Gelähmten auf seiner Tragbahre durch die Öffnung hinab. Als Jesus ihren Glauben sah, sagte er zu dem Gelähmten: Mein Sohn, deine Sünden sind dir vergeben! Einige Schriftgelehrte aber, die dort saßen, dachten im Stillen: Wie kann dieser Mensch so reden? Er lästert Gott. Wer kann Sünden vergeben außer dem einen Gott? Jesus erkannte sofort, was sie dachten, und sagte zu ihnen: Was für Gedanken habt ihr im Herzen? Ist es leichter, zu dem Gelähmten zu sagen: Deine Sünden sind dir vergeben!, oder zu sagen: Steh auf, nimm deine Tragbahre und geh umher? Ihr sollt aber erkennen, dass der Menschensohn die Vollmacht hat, hier auf der Erde Sünden zu vergeben. Und er sagte zu dem Gelähmten: Ich sage dir: Steh auf, nimm deine Tragbahre, und geh nach Hause! Der Mann stand sofort auf, nahm seine Tragbahre und ging vor aller Augen weg. Da gerieten alle außer sich; sie priesen Gott und sagten: So etwas haben wir noch nie gesehen.

Diese Geschichte zeigt uns, wie im Wirken Jesu "Leib-Sorge" und "Seel-Sorge" zusammengehören. Darüber hinaus ist sie aber auch ein kleines Kabinettstück der Erzählkunst in den Evangelien. Deshalb wollen wir zuerst beobachten, wie uns hier in wenigen Strichen eine Szene voll drastischer Anschaulichkeit und berührender Menschlichkeit geboten wird, die auch mit einer feinen Prise Humor gewürzt ist. Gerade so bezeugt und erschließt uns der Evangelist, was Menschen in der Begegnung mit Jesus damals wie heute erfahren können.

Unser erster Blick fällt auf ein berstend volles Haus. So viele Menschen wollen Jesus hören, als er "ihnen das Wort verkündete" (V. 2), dass nicht einmal mehr vor der Tür Platz ist. Wer jetzt erst kommt, hat keine Chance, zu ihm vorzudringen. – Ein zweiter Blick: Einige Leute, die offensichtlich von Jesu heilenden Taten gehört hatten, bringen einen Mann herbei, dessen

Krankheit ihn vollkommen bewegungsunfähig gemacht hat: Er kann nicht einmal sitzen, sondern ist nur auf einer Trage liegend transportfähig. Sie wollen ihn unbedingt vor Jesus hinbringen, doch der Menschenauflauf blokkiert sie. Sie sehen keine Möglichkeit, sich mit dem Gelähmten auf der Bahre durch die Menge hindurch zu drängen. Sollen sie ihn wieder zurückbringen? Oder warten, bis sich die Versammlung aufgelöst hat und Jesus aus dem Haus kommt? Da tun sie etwas, das uns Leser fast schmunzeln macht und uns gleichzeitig tief berührt: Sie befördern den Mann samt seiner Trage auf das Hausdach. (Man will sich gar nicht vorstellen, wie sie ihre sperrige Last etwa über eine enge Außentreppe nach oben hieven, ohne dass der Behinderte dabei herunterfällt!) Sie beginnen das Dach abzudecken und die Decke durchzuschlagen. (Ob Jesus bei diesem Lärm und inmitten herabfallender Baumaterialien wohl weiter predigen konnte? Und die Hausbesitzer, haben die etwa gar nicht reagiert? Einerlei: Der Evangelist zeigt uns Leute, die buchstäblich alles daransetzen, um zu Jesus zu kommen!) Als die Öffnung groß genug ist, lassen sie die Trage (hoffentlich vorsichtig genug!) nach unten, dorthin "wo Jesus war" (V. 4). – Nun lässt uns der Erzähler einen dritten Blick tun. Es ist der Blick auf den Gelähmten selbst: Bisher konnten wir Leser ihn ja eigentlich noch gar nicht betrachten, weil wir damit beschäftigt waren, den Leuten, die ihn gebracht hatten (und die jetzt von oben durch das Loch herunter schauen?) bei ihren schweißtreibenden Bemühungen zuzusehen. Aber jetzt ist er da. Er liegt vor Jesus. Der sieht ihn an und weiß, welche Glaubenshoffnung "sie" (vgl. V. 5) – d.h. die Träger, der Gelähmte selbst ist ja offensichtlich zu keiner Initiative fähig! – angetrieben hatte.

Nun redet Jesus den Mann an: "Kind". (So heißt es im Urtext wörtlich). An diesem Wort hängt viel: Es drückt zunächst einmal Jesu freundliche Zuwendung und Sympathie aus, aber es liegt noch mehr darin. Als ein "Kind" hat diesen Mann wohl schon lange Zeit niemand mehr angesprochen. Ein Kind hat Zukunft, Entfaltungsräume und ein Leben voller Chancen vor sich, ein Kind wächst und ist voller Bewegungsdrang. Aber all dies trifft für diesen armen Menschen nicht zu. Er ist erstarrt und gelähmt, eingemauert in seiner Bewegungsunfähigkeit! Und doch sagt Jesus (ganz sicher nicht zynisch): Kind! Vielleicht dürfen wir schon in dieser Anrede eine Verheißung mithören: Men-

schen, die Jesus begegnen und von seiner Botschaft erstmals berührt werden, machen die Erfahrung, dass ihr Leben jung wird und voller Zukunft. Sie wissen sich beschützt und spüren Neugierde, wie es für Kinder typisch ist. Wie versteinert und bewegungsunfähig Menschen in ihrem bisherigen Leben auch geworden sein mögen, an Jesu Hand werden Menschen wieder Kinder: Menschenkinder, Gotteskinder.

Was Jesus dann zu dem Mann, der wortlos vor ihm liegt, sagt, macht hellhörig. Leser, die mit "Wundererzählungen" halbwegs vertraut sind, erwarten ja unwillkürlich, dass Jesus, der "ihren Glauben sah", nun von sich aus Worte der Heilung und Aufrichtung spricht, etwa "Steh auf, nimm deine Trage und geh!" Aber Jesus sagt: "Deine Sünden sind dir vergeben" (V. 5). Warum sagt Jesus das? Meint er, dass das zuvor vielleicht sündhafte Leben des Mannes von Gott mit Lähmung bestraft wurde, sodass eine Heilung des Leibes erst nach der Vergebung dieser Sünden möglich wäre? Das wohl kaum, denn der Evangelist schildert uns den Mann keineswegs als "bestraften Sünder". Und überhaupt sehen wir in den Evangelien nie, dass Jesus einen solchen unmittelbaren Zusammenhang herstellen würde oder dass er Kranken auf den Kopf zugesagt hätte, ihr Leiden sei die Folge ihrer Sünden. (In Joh 9,2 weist er die Jünger, die dem Blindgeborenen gegenüber solche Gedanken hegen, sogar ausdrücklich zurecht.) Oder meint Jesus etwa, der Mann habe so sehr mit seinem Schicksal gehadert, dass er an allem irre geworden ist und womöglich sich selbst und Gott verfluchte? Hätte Jesus ihn also von einer solchen "Sünde der Verzweiflung" freigesprochen? Auch dies trifft wohl kaum zu, denn der Evangelist gibt keinen Hinweis in diese Richtung.

Betrachten wir Jesu Worte also noch einmal näher. Die ganz wortgenaue Übersetzung ist: „Erlassen sind deine Sünden". Gemäß der Grundbedeutung des verwendeten Zeitwortes im Urtext (aphíemi) bedeutet das: Deine Sünden sind losgelassen und weggeschickt, sodass sie nicht mehr belasten und behindern. Jesus sagt dabei übrigens nicht "Ich erlasse dir deine Sünden" oder "Gott erlässt dir deine Sünden", sondern er stellt in feierlich-passiver Formulierung fest: "Deine Sünden sind erlassen". Er sagt nicht, worin diese Sünden bestanden, ob sie "groß" oder "klein" seien und nicht,

ob sie etwas mit dem Zustand des Gelähmten zu tun haben. Er fordert den Mann nicht zur Reue auf, wobei er für den Fall einer nachhaltigen Umkehr dann Hoffnung auf Heilung machen würde. Vielmehr sagt er dem gelähmten Menschen, der da stumm vor ihm am Boden liegt, einfach und bedingungslos zu: "Kind, erlassen sind deine Sünden". – Wieder stehen wir vor der Erfahrung, die gemäß dem Zeugnis der Evangelien viele Menschen machten, wenn sie Jesus begegneten: Wo er ist, da fallen Lasten ab. Das, was uns festhält und niederdrückt, was krank und bitter macht, was daran hindert, gut zu den Menschen und fröhlich vor Gott zu sein, all das löst sich in Jesu Gegenwart irgendwie auf: Wo er ist, da ist die Macht der Sünde gebrochen und da sind unsere Sündentaten erlassen. Der erste hoheitliche Akt in der anbrechenden Königsherrschaft Gottes, in die Jesus die Menschen einlädt, ist immer: "Erlassen sind deine Sünden!" Kind, du bist frei. Freigelassen zum Gotteskind.

Der Evangelist erzählt uns keine Reaktion des Mannes, der immer noch am Boden liegt. Er lässt uns vielmehr in einem vierten Blick auf die Zuhörer schauen, unter denen auch einige Schriftgelehrte sind: Sie sitzen da, sind schockiert und denken: Wie kann dieser Mensch so reden? Er lästert Gott. Wer kann Sünden nachlassen außer dem Einen: Gott? (vgl. V. 6-7) Jesus bleibt ihre Reaktion nicht verborgen, er wendet sich ihnen zu und stellt ihnen eine Art "Rätselfrage". Vergleichbares kommt in vielen antiken Texten vor: Weise bringen mit Rätseln ihre Gegner zum Verstummen und demonstrieren ihre überlegene Einsicht, weil normalerweise die Gefragten keine Antwort wissen. In unserer Erzählung geht es mit der "Rätselfrage" aber weniger um die Zurückweisung der Schriftgelehrten oder die bloße Demonstration der Überlegenheit Jesu. In der Frage deutet sich vielmehr schon an, was Jesus gleich tun wird. Und gleichzeitig gibt die Erzählung uns Lesern Anlass zum Innehalten, zum Mit- und zum Nachdenken. Es ist ja nicht irgendein beliebiges Rätsel, das hier aufgeben wäre, Jesu Frage führt vielmehr in die Mitte und Tiefe seiner Sendung hinein, die für den gelähmten Mann konkret und erfahrbar werden soll. Wie ist das also? Was ist leichter: Zu einem Gelähmten sagen: Erlassen sind deine Sünden – oder: Steh auf, nimm deine Tragbahre und geh umher? (vgl. V. 9)

Unter dem äußeren Gesichtspunkt der "Kontrollierbarkeit" mag es leichter erscheinen, Sündenerlass auszusprechen: Wer könnte denn feststellen, ob solchen Worten auch eine tatsächliche Kompetenz entspricht? Sünden markieren den Sünder ja nicht mit einem sichtbaren Mal und das Freiwerden von Sünden ist ebenso kein äußerlich feststellbarer Vorgang. Und auf der anderen Seite gilt: Wer mit so souverän formulierten Heilungsworten einen Gelähmten öffentlich auffordert, aufzustehen, herumzugehen und seine Trage selbst zu tragen, der setzt sich hinsichtlich der Wirkung und des Erfolgs seiner Worte der unmittelbaren Überprüfbarkeit durch die Zuseher aus. Sündenerlass wäre so gesehen also leichter ausgesprochen als Heilung. – Unter dem tieferen Gesichtspunkt der wirklichen "Kompetenz" wird man die Sache allerdings wohl umgekehrt beantworten müssen: Wunderbare Heilungen mögen zwar selten sein, aber es gibt doch immer wieder Menschen, die solche Erfahrungen bezeugen und jede Zeit und Gesellschaft hat ihre außergewöhnlich begabten Therapeuten. Einen Gelähmten durch Zuspruch zu heilen, ist also nicht gerade "leicht", denkbar ist es aber. Hingegen: Allen Ernstes Sünden zu erlassen, d.h. die Verstrickung in Schuld wirksam auflösen, frei machen von dem, was uns Menschen wie ein Schatten begleitet, welcher Mensch wollte dies tun können? Die Schriftgelehrten haben in der Sache ja völlig recht: Sünden nachlassen, das überfordert Menschen grundsätzlich. Sünde ist keine Sache, die sich die Menschen unter sich ausmachen könnten. Sünde kommt daher, dass sich die Menschen insgesamt von Gott, dem Grund ihrer Existenz getrennt hatten. Sie wollten selber "wie Gott sein" und sich ihr "gut und böse" selbst festlegen (vgl. Gen 3,5). Doch dieser Versuch führte ins Bodenlose und nur durch Gott kann der Mensch aus seiner Sünde herausfinden und wieder Stand gewinnen. Es ist also nicht bloß unendlich schwer, Sünden zu erlassen. Es ist Menschen überhaupt unmöglich. Nur Gott kann das wirken.

Jesus wartet nun eine Antwort der Schriftgelehrten nicht ab und der Evangelist wartet auch nicht, bis wir Leser mit der "Rätselfrage" auf den letzten Grund gekommen sind. Es geht gleich weiter (in ganz wörtlicher Übersetzung): ",Damit ihr aber erkennt, dass der Menschensohn Vollmacht hat, Sünden zu erlassen auf Erden' – sagt er zum Gelähmten – ,Ich sage dir:

Steh auf, nimm deine Tragbahre und geh weg in dein Haus'." (V. 10-11) Der Erzähler konstatiert, dass es so (und zwar genau nach Jesu Worten!) geschah: Der Mann stand auf, nahm sogleich seine Tragbahre und ging vor aller Augen hinaus (vgl. V. 12a). Den Schluss bildet, wie in vielen Heilungserzählungen, der kurze Hinweis auf die Reaktion der Anwesenden: Alle gerieten außer sich, priesen Gott und sagten: So etwas haben wir noch nie gesehen (vgl. V. 12b).

Im Rückblick auf die ganze Perikope drängen sich folgenden drei Überlegungen auf:

a. "Sündenerlass" und "Heilung" sind für Jesus keine Alternativen. Sie gehören zusammen. Dabei stehen sie aber nicht bloß unverbunden nebeneinander. Jesus tut nicht einfach das eine und dann das andere. Vielmehr verweist eines auf das jeweils andere: Unter Jesu Worten und Taten haben sich niedergedrückte Menschen buchstäblich aufgerichtet, sind an ihrem Leib heil und gesund geworden. Und Jesus hat real Arme, Ausgegrenzte und Unterdrückte in die Mitte der Menschen zurückgeholt. Dabei hat er diese konkreten Erfahrungen leiblicher und sozialer Heilung immer als Ereignisse der Königsherrschaft Gottes verstanden, die dort, wo er sie verkündet, auch wirklich anbricht. Wo er ‚im Finger Gottes' die Dämonen austreibt, da ist das Reich Gottes bereits angekommen (vgl. Lk 11,20). Und wenn dieser gelähmte Menschen sich erhebt, dann sieht man, wie es unter Gottes guter Herrschaft zugeht. Solche wunderbaren Erfahrungen geschehen bei Menschen, die an Jesu Evangelium zu glauben beginnen (V. 5!) und sie geschehen auch, damit die Menschen erkennen und glauben können (V. 10!), dass Gott es ist, der uns in Jesus begegnet und anrührt. Jesu Heilungen und Befreiungen lassen erkennen, dass und wie Gottes Königtum mitten unter uns anfängt. Bei den Menschen, zu denen es kommt, ist sein erster Hoheitsakt: Der Erlass von Sünde und ein neuer Anfang als aufrechte "Bürger" und "Kinder" der Gottesherrschaft.

Ohne damit konkrete Kranke und Leidende zu beleidigen oder zurückzustoßen (im Gegenteil!), weiß Jesus im Innersten: Krankheit, Unfreiheit, Ausgrenzung sind die Ausweiszeichen der Herrschaft der Sünde über die

Menschen. Und Heilung, Befreiung und das Hereinkommen der Ausgeschlossenen sind die Ausweiszeichen der Herrschaft Gottes.

Darum gehören Erlass der Sünden und Heilung des Leibes im Tiefsten zusammen. Nicht immer wird die in dieser Erzählung so drastisch gezogene Verbindung sogleich unmittelbar und augenscheinlich erfahrbar werden. Vielleicht war dies auch im Wirken Jesu nicht in jedem einzelnen Fall gegeben, im Wirken seiner Nachfolgegemeinde, der Kirche, ist es jedenfalls so. Aber auch heute gilt: Wo immer Christen das Evangelium verkünden, mühen sie sich gleichzeitig darum, in Jesu Namen Erfahrungen von Heilung, Aufrichtung und Befreiung von Menschen anzustoßen und freizusetzen. Wenn sie Kranke pflegen, Betrübte trösten, Verirrten einen neuen Weg anbieten und um Gerechtigkeit für die Armen ringen, dann tun sie dies nicht nur aus einer allgemeinen ethischen Verpflichtung (und schon gar nicht als billige Propaganda!), sondern weil sie für sich selbst und für die Menschen, die in vielerlei Hinsicht niedergedrückt sind, nach Hinweisen und Ausweiszeichen für jenes Reich suchen, das schon "(mitten) unter uns" (vgl. Lk 17,21) ist. Es gibt keinen besseren "Gottes-Hinweis" als heil und frei gewordene Menschen, um derentwillen Gott gepriesen wird (V. 12).

b. Wer ist Jesus, dass er es wagen darf, einem Menschen den Erlass seiner Sünden zuzusprechen? Damit nimmt er ja – wie die Schriftgelehrten ganz richtig erkannt haben – nichts weniger als ein Hoheitsrecht Gottes in Anspruch. Die Alternative ist klar: Entweder Jesus ist ein blasphemischer Lügner oder er tut es in göttlicher Vollmacht (exusía). Die Erzählung führt uns also in die Mitte dessen, was man "Christologie" nennt: Wer ist Jesus, dass er so spricht und handelt?

Der Evangelist Markus hat sein Buch eröffnet mit jenem Bekenntniswort, das die ersten Christen immer wieder sagten, wenn sie ihre Glaubensgewissheit ausdrückten, wer Jesus ist: "Anfang des Evangeliums von Jesus Christus, dem Sohn Gottes" (Mk 1,1). Und er hat uns in der ersten Erzählung seines Buches, der Taufe im Jordan, eine Stimme aus dem Himmel hören lassen, die Jesus als "meinen geliebten Sohn" anspricht (1,9-

11). Antike Kulturen dachten beim prägnant gesetzten Wort "Sohn", insbesondere wenn es sich um den erstgeborenen Sohn handelt, nicht nur oder primär an biologische oder emotionale Aspekte, sondern vor allem an (familien)rechtliche: Der Sohn ist der legitime Handlungsbeauftragte; sein Vater vertraut ihm die Verantwortung für das ganze Hauswesen an; der Sohn hat die Vollmacht, im Namen seines Vaters zu handeln; seinen Handlungen kommt die gleiche Rechtswirkung zu wie jenen des Vaters. Das Johannesevangelium wird diese Aspekte mit seiner "Christologie vom bevollmächtigen Sohn" ausloten: in ihrer Breite (hinsichtlich der göttlichen Werke Jesu, z.B. Joh 5,19-47) und in ihrer Tiefe (hinsichtlich der "Herkunft" Jesu und seiner Einheit mit Gott, dem Vater, z.B. 1,18; 14,8-11). Aber auch schon das Markusevangelium ist von einer Sohn-Gottes-Christologie durchdrungen: Sie umspannt den Beginn des Wirkens Jesu (Mk 1,1.11), seine Mitte (9,7) und sein Ende (15,39).

Die allerersten Christen hatten die Bezeichnung Jesu als Sohn Gottes vor allem mit seiner Auferweckung verbunden, in der er als der universal vollmächtige Sohn Gottes eingesetzt und bestätigt wurde (vgl. Röm 1,3-4). Der Evangelist Markus macht seinen Lesern nun einen weiteren Schritt offenbar: Nicht erst "seit" seiner Auferweckung und Verherrlichung handelt Jesus als Gottes vollmächtiger Sohn. Schon vom ersten Anfang seines Wirkens (1,1) an zeigt und vollzieht sich das, was der österliche Herr dann für alle Menschen und Zeiten ist: Damals schon, als er in Vollmacht lehrte (1,22), als man "alle Kranken und Besessenen zu Jesus brachte ... und er viele heilte" (1,32), trat uns in Jesus der entgegen, der im Namen und Auftrag Gottes die nahe gekommene Königsherrschaft Gottes ansagt (1,15): Gottes geliebter Sohn, beauftragt und bevollmächtigt zum Heiland der Menschen. Sein ganzer weiterer Weg und paradoxerweise auch noch sein Tod am Kreuz, da er "sein Leben hingibt als Lösegeld für viele" (10,45), wird ihn als solchen erweisen.

Auffälligerweise bezeichnet sich Jesus im Markusevangelium aber nie von sich aus als "Sohn Gottes". Es sind vielmehr die anderen, die ihn so nennen und damit ausdrücken, was in seinem Wirken geschieht: der Evangelist (1,1); die offenbarende Stimme vom Himmel (1,11; 9,7); die Dämonen,

die damit den überlegenen Herrn anerkennen müssen (3,11; 5,7); der Hohepriester, der Jesus damit einen Strick drehen will (15,39); und schließlich der Hauptmann des Exekutionstrupps, der Jesus "auf diese Weise sterben sah" (15,39). Wenn hingegen Jesus selbst in Worte fasst, was seine Sendung ist und was seine Vollmacht ausmacht, dann spricht er von sich als dem "Menschensohn". Das ist nicht bloße Bescheidenheit. Es drückt vielmehr aus, woraufhin Jesu Wirken und Vollmacht zielt, was seine ganze Existenz ausmacht: Bei den Menschen, unter den Menschen, mit den Menschen zu sein und ihnen so – und nicht etwa von außen oder von "oben herab" – Gottes gute Herrschaft nahe zu bringen und erfahren zu lassen. Der Evangelist bietet uns also an, beides zusammen zu denken und zu bekennen: Er, der als Menschensohn und Menschenkind unter uns Menschen ist, er ist es, der Gottes gutes Herr-Sein wirklich nahe bringt: Wo Jesus ist, handelt Gott selbst. Jesus ist der bevollmächtigte Sohn.

Der Evangelist erzählt uns, wie Jesus Sünden erlässt und Menschen aufrichtet. Damit lädt er uns ein zu erkennen: Jesus, der Menschensohn ist Gottes Sohn. Kein anderer als der Menschensohn Jesus ist befähigt, als Gottes vollmächtiger Sohn zu handeln. Er stiftet unter uns Menschen eine neue Gottesfreundschaft und Gotteskindschaft.

c. Zuletzt noch ein Blick darauf, wie der Evangelist von dem gelähmten Mann spricht. Auf den ersten Blick mag es verwunderlich erscheinen: Er, um den sich doch eigentlich alles dreht, bleibt in der Erzählung selbst völlig blass und passiv. Wir erfahren nichts über die Umstände seines Leidens, er selbst spricht kein einziges Wort und setzt keine Initiative. Andere handeln an ihm. Er liegt einfach nur da. Und auch als er auf Jesu Wort hin dann aufsteht, seine Trage nimmt und hinausgeht, erfahren wir nichts über ihn selbst: Wie er reagierte und was aus ihm wurde – all das bleibt im Dunkel. Wir hören nur vom Außer-sich-sein und vom Gotteslob der Menge.

Auch wenn hinter dieser Geschichte ein konkreter Mensch mit seiner einzigartigen Erfahrung steht, die Erzählung hat ihn gewissermaßen anonymisiert. Das kann kein Zufall sein. Wenn ein Erzähler vom Kaliber des

Evangelisten Markus die Hauptgestalt seiner Perikope so unscharf "zeich-net", dann bietet er seinen Lesern an, sich im Hören der Geschichte mit diesem Mann zu identifizieren, sozusagen an seine Seite zu treten und an seiner Erfahrung teilzuhaben. Viele von uns kennen in irgendeiner Form ja diese Situation: Eingemauert in sich selbst zu sein, unfähig zu Bewegung und Initiative, Objekt der anderen, ob sie nun tragen und helfen wollen oder ob sie bloß dasitzen und kritisch zuschauen. Aber dann hören wir diese Erzählung und es kann sein, als lägen wir vor Jesus. Er sieht und spricht uns an: Kind, erlassen sind deine Sünden. Steh auf, nimm deine Bahre und geh.

JESUS, stärke meinen Glauben und vergib meine Sünden.

10. Tag: 2,13-17
Die Berufung des Levi und das Mahl mit den Sündern

Jesus ging wieder hinaus an den See. Da kamen Scharen von Men-schen zu ihm und er lehrte sie. Als er weiterging, sah er Levi, den Sohn des Alphäus, am Zoll sitzen und sagte zu ihm: Folge mir nach! Da stand Levi auf und folgte ihm. Und als Jesus in seinem Haus beim Essen war, aßen viele Zöllner und Sünder zusammen mit ihm und sei-nen Jüngern; denn es folgten ihm schon viele. Als die Schriftgelehr-ten, die zur Partei der Pharisäer gehörten, sahen, dass er mit Zöllnern und Sündern aß, sagten sie zu seinen Jüngern: Wie kann er zusam-men mit Zöllnern und Sündern essen? Jesus hörte es und sagte zu ihnen: Nicht die Gesunden brauchen den Arzt, sondern die Kranken. Ich bin gekommen, um die Sünder zu rufen, nicht die Gerechten.

Die Szenerie der nächsten Erzählung ist eine andere, aber sie ist doch vergleichbar mit jener der vorangegangen: Jetzt erblicken wir Jesus nicht in einem überfüllten Haus, sondern draußen am Seeufer. Aber auch hier kom-men wieder Scharen von Menschen zu ihm, und "er lehrte sie" (V. 13). Als Jesus dann weitergeht, sieht er einen gewissen Levi. Der ist Zöllner und sitzt an der Station, an der die Weggebühren eingehoben werden. Damals

verlief unweit von Kafarnaum die Grenze zwischen Galiläa, das dem Herodes Antipas unterstand, und dem Landstrich Gaulanitis, den der Tetrarch Philippus beherrschte. Das Nebeneinander dieser (und weiterer) Kleinstaaten führte zu einer großen Belastung der Bevölkerung mit Steuern und Zollabgaben. Deren Eintreibung oblag – wie oft in der Antike – nicht einer staatlichen Behörde, sondern war privatwirtschaftlich organisiert, indem sie an reiche Unternehmer verpachtet war. Dass es dabei zu notorischer Korruption im Großen wie im Kleinen kam, verwundert wenig: Überhöhte Abgabenforderungen einerseits, Bestechlichkeit andererseits. Das Ansehen der im Zoll- und Steuerwesen Tätigen war in der Bevölkerung entsprechend schlecht, gleichgültig ob es sich um reiche Großpächter (wie Zachäus, vgl. Lk 19,2) handelte oder um die kleinen Inkassanten, wie Levi offensichtlich einer war: Sie galten vielen als Blutsauger, Diebe und Plage des Volkes.

Darüber hinaus lehnten im Altertum viele Juden die Zöllner auch in religiöser Hinsicht ab, weil die Abgabenpächter mit den jeweiligen Fremdherrschaften kollaborierten. So wurden sie als mitverantwortlich für die Unfreiheit und Unterdrückung des Bundesvolkes angesehen, das doch nur einen "Landesherrn" haben sollte: Gott. Die Zöllner wären also Sünder, weil sie die Allein-Gott-Zugehörigkeit Israels schwächen. Allerdings dürfte in unserer Erzählung dieser Aspekt keine zentrale Rolle spielen: Galiläa und die Gaulanitis standen zur Zeit des Auftretens Jesu unter der Herrschaft jüdischer Tetrarchen, nur Judäa und Jerusalem waren damals unter römischer Direktverwaltung. Trotzdem bleibt auffällig, dass in den Evangelien "Zöllner und Sünder" oft in einem Atemzug genannt sind.

Jesus spricht nun diesen Zöllner Levi an. Wir hören keinen Vorwurf, keine Ermahnung, sondern ein ebenso einladendes wie aufforderndes "Folge mir nach!" Und ähnlich wie bei der Berufung von Petrus und Andreas, Jakobus und Johannes (1,17-18.20) lässt der Evangelist darauf nur die lakonische Feststellung folgen: "Da stand Levi auf und folgte ihm" (V. 14). – Wir fragen uns, ob es denn wirklich sein kann, dass Menschen, die Jesus zum ersten Mal begegneten, dabei so spontan reagierten und ungeschützt Beruf und Lebensumstände verließen und "hinter ihm hergingen". (Genau dies nämlich bedeutet das hier

verwendete griechische Zeitwort, akolouthé?, ganz wörtlich.) Doch unabhängig von allen Überlegungen, wie wir uns denn die damalige Begegnung historisch näherhin vorstellen können, steht das Zeugnis des Evangelisten: Wenn man Jesus begegnet, wenn man sich von ihm angeschaut und angesprochen erfährt, dann ist dies ein Ereignis, das ins Mark trifft und eine Entscheidung erfordert. Eine solche Begegnung ist aber auch das Ereignis, das die Entscheidung des Levi (und all der anderen) erst ermöglicht! – Nachfolge, damals wie heute, das ist: mit Jesus mitgehen; in seinem Windschatten nachgehen; sich von ihm die Wege zeigen lassen; mit seiner Art zu gehen, eigene Erfahrung sammeln; sein Jünger, seine Jüngerin werden; eine Weggemeinschaft beginnen, die nie mehr aufhören muss.

Der Evangelist lässt uns keine Zeit, beim Gedanken an "Nachfolge" zu verweilen, er schwenkt den Blick schon auf eine neue Szene: "Und als Jesus in seinem Haus beim Essen war, aßen viele Zöllner und Sünder zusammen mit ihm und seinen Jüngern" (V. 15a). Der Satz stellt einige Fragen: "in seinem Haus" – Levis oder Jesu Haus? Rein sprachlich wäre (im Urtext wie in der deutschen Übersetzung) beides möglich.

Die Einleitung der vorangehenden Perikope schien anzudeuten, dass Jesus damals in Kapharnaum gewohnt hatte (2,1: "[wieder] zu Hause"). Dies könnte dafür sprechen, dass es in jenem Haus war, wo Jesus wohnte, in dem das Festessen mit Levi und den anderen stattfand. Dann ergäbe sich eine schöne Gedankenfolge: Jesus, der die Verlorenen und Sünder beruft, lädt sie zu sich ein! Der erste Weg, den Levi in der Nachfolge Jesu geht, führt zum Freudenfest, das Jesus selbst ihm ausrichtet. – Dennoch erscheint es im Blick auf die ganze Erzählung wohl stimmiger, dass "in seinem Haus" jenes des Levi meint. Damit ist die Szene aber nicht weniger sprechend: Levi folgt jetzt Jesus nach. Und doch führte der erste Weg in sein eigenes Haus. Dort wird ein Fest gefeiert, um seine Familie, seine Kollegen und Freunde Teil haben zu lassen an der Freude, die er bei Jesus gefunden hatte. Jesus und die Jünger, die schon nachfolgen, sind dabei.
Und mit dabei sind auch die eigens genannten Sünder. Der kleine Nachsatz V. 15b ist in diesem Zusammenhang auffällig und verdient nähere Be-

trachtung: " ... aßen viele Zöllner und Sünder zusammen mit ihm und seinen Jüngern; denn es folgten ihm schon viele". Im Blick auf die auffällige Formulierung des Urtexts könnte man dieser Übersetzung ein verdeutlichendes "von ihnen" (nämlich: den Zöllnern und Sündern) anfügen: Der Evangelist sagt ganz bewusst, dass Zöllner und Sünder nicht nur als einmalige Gäste an dem Festessen teilnahmen, sondern dass solche Menschen überhaupt einen auffälligen Bestandteil von Jesu Anhängerschaft bildeten.

"Sünder" als soziale Bezeichnung kennzeichnet im damaligen Sprachgebrauch Menschen, die sich um die religiöse Besonderheit Israels, das als Zeichen seiner Identität die Gebote der Tora befolgt, nicht kümmern. "Öffentliche Sünder" zeigen ihr Desinteresse an der Zugehörigkeit zum Bund mit Gott womöglich auch ganz ungeniert. Aber, wie immer wenn Menschen (privat oder öffentlich) andere beurteilen und verurteilen: Wer will schon wissen, was jeweils zuerst war: die soziale Ausgrenzung aus der "Gemeinde der Anständigen" oder eine wirklich eigene Entscheidung zu einem Leben als "Sünder"? Jesus, der Bote der Gottesherrschaft, zeigt nun überhaupt keine Berührungsangst mit solchen Menschen: Er spricht den Erlass von Sünden zu, er scheut die freundschaftliche Nähe mit "Sündern" nicht und in seiner öffentlich sichtbaren Nachfolgegemeinde befinden sich einige Menschen mit der Reputation als Sünder.

Dass es gegen ein solches Verhalten Widerspruch seitens frommer Menschen gab, verwundert wenig. Der Evangelist nennt in V. 16 wieder "Schriftgelehrte" und fügt hinzu, dass sie zur "Partei der Pharisäer" gehörten. Die Pharisäer waren eine Erneuerungsbewegung. Sie engagierten sich einerseits für die religiöse Bildung breiter Volksschichten und versuchten andererseits durch eine maßvolle Interpretation der Gottesgebote sicherzustellen, dass diese im Alltag auch lebbar waren. Ihr Ziel war es, dass Israel als Ganzes seine Identität als Bundesvolk Gottes auch wirklich umfassend und sichtbar lebt, indem alle die Tora-Gebote halten. In ihren Augen waren die "Sünder", denen die Tora gleichgültig ist, somit ein öffentlicher Schaden: Diese würden nämlich verhindern, dass Gottes Segnungen für sein Bundesvolk wirklich und erfahrbar werden. An Jesus nahmen viele Pharisäer vor

allem deshalb Anstoß, weil er den "öffentlichen Sündern" gegenüber ein für sie unverständliches und skandalöses Verhalten an den Tag legte: Er sprach ihnen Sündenerlass zu und lud sie zur Gottesfreundschaft ein, und zwar ohne vorgängige Bedingungen, die sie kontrollierbar zu erfüllen hätten. Wir lesen nichts von Vorwürfen und Strafpredigten, nichts von auferlegten Bußübungen und nichts davon, dass er ihnen erst für den Fall einer nachhaltigen Besserung Hoffnung machte. Die Evangelien erzählen vielmehr, dass Jesus ihnen die vergebende und einladende Güte Gottes "einfach so", ungeschützt und bedingungslos zusprach und dass er sich gesandt wusste, durch ein demonstrativ freundschaftliches Verhalten mit ihnen die Sünderliebe Gottes sichtbar zu machen. Wie konnte Jesus so etwas tun? Zunächst einmal kann man vermuten, dass Jesus skeptisch war, wie weit die öffentliche Meinung über einen Menschen wirklich in das "Herz" dieses Menschen blicken kann. Aber in seinem Verhalten liegt sicher noch mehr. Vielleicht kann man es mit folgenden zwei Überlegungen erfassen:

a. Jesus ist von den Gedanken an die unendliche Größe Gottes und an die Souveränität seiner Liebe durchdrungen und deshalb weiß er: Wenn Gott sich den Menschen zuneigt, dann überwindet er von sich aus eine so große Distanz, dass alle Distanzunterschiede, auf die sich die "Frommen" gegenüber den "Sündern" etwas einbilden mögen, ihre Bedeutung verlieren, ja geradezu lächerlich werden. Gott ist unendlich reich an Güte und deshalb sind vor Gott alle Menschen gleichermaßen Empfangende. Wenn nun aber die Gerechten es ablehnen, Seite an Seite mit den Sündern von Gott beschenkt zu werden, dann schließen sie sich letztlich selbst aus: Gottes Gnade gegenüber kann man keine "wohlerworbenen Rechte" einfordern. Und Gott "hasst" es, wenn die Gerechten die Sünder vom Empfang seiner Gnade zurückdrängen und ausschließen wollen, weil sie diese Gnade angeblich nicht verdienten. Wenn somit Gottes erste Königshandlung eine umfassende "Amnestie" – der Erlass von Sünden – ist, dann kann es nicht sein, dass wir unsere alten Rechnungen – die eigenen Verdienste und die Schulden der anderen! – in sein Reich hinein mitnehmen und dort gegeneinander exekutieren wollen!

b. Jesus traute es Gottes Liebe zu, dass sie die Sünder wirklich ändert, dass sie unter der Erfahrung des Zutrauens Gottes wirklich ihr Leben neu ausrichten und andere Wege als bisher gehen. Das Leben als "Gerechter" ist für ihn keine Bedingung für die Annahme durch Gott, sondern eine Folge davon. Der Apostel Paulus wird diesen Aspekt der Gottesverkündigung Jesu tief verstehen und auf seine Art weiterdenken: Gott ist gerecht. Aber anders als menschliche Gerechtigkeit, die lediglich Schuld feststellen und abstrafen kann, ist Gottes Gerechtigkeit eine aktive: Sie macht gerecht. Und Jesus ist es, der für Paulus diese gerechtmachende Gerechtigkeit Gottes darstellt und vollzieht (Röm 3,26). Mit ihm zusammen werden wir unserer Berufung, Gottes geliebte Geschöpfe und Kinder zu sein, gerecht. An seiner Hand wird unser Leben recht. Deshalb: Nicht die Gesunden brauchen den Arzt, sondern die Kranken. Jesus ist gekommen die Sünder zu rufen, nicht die Gerechten.

JESUS, danke, daß du der Arzt der kranken Seelen bist!

11. Tag: 2,18-22
Die Frage nach dem Fasten

Da die Jünger des Johannes und die Pharisäer zu fasten pflegten, kamen Leute zu Jesus und sagten: Warum fasten deine Jünger nicht, während die Jünger des Johannes und die Jünger der Pharisäer fasten? Jesus antwortete ihnen: Können denn die Hochzeitsgäste fasten, solange der Bräutigam bei ihnen ist? Solange der Bräutigam bei ihnen ist, können sie nicht fasten. Es werden aber Tage kommen, da wird ihnen der Bräutigam genommen sein; an jenem Tag werden sie fasten. Niemand näht ein Stück neuen Stoff auf ein altes Kleid; denn der neue Stoff reißt doch vom alten Kleid ab und es entsteht ein noch größerer Riss. Auch füllt niemand neuen Wein in alte Schläuche. Sonst zerreißt der Wein die Schläuche; der Wein ist verloren und die Schläuche sind unbrauchbar. Neuer Wein gehört in neue Schläuche.

Johannes der Täufer erwartete das nahe Gericht Gottes. Deshalb lehrte er seine Jünger zu fasten: zum Zeichen der Umkehr und in Vorbereitung auf diesen Tag. Die Pharisäer forderten zum Fasten auf und fasteten selbst als Ausdruck der Trauer und Reue darüber, dass sich Israel insgesamt von einem Leben nach dem Bundeszeichen Gottes, der Tora, entfernt hatte und so seine Identität als Gottesvolk nicht einlöste. In der zeitgenössischen Umwelt fiel es deshalb umso stärker auf, dass in der Bewegung, die Jesus auslöste, das Fasten kein Markenzeichen war. Ganz im Gegenteil: Jesu Markenzeichen war es, Freudenfeste der wiedergefundenen Gottesfreundschaft zu feiern. Anscheinend ging es dabei auch manchmal hoch her, sodass ihm seine Gegner nachsagten: "Dieser Fresser und Säufer, dieser Freund der Zöllner und Sünder!" (Lk 7,34) – In unserer Perikope lesen wir zwar nichts von dieser bösen Unterstellung. Aber die Frage jener Leute, die nach V. 18 zu Jesus kommen und wissen wollen, warum seine Jünger – anders als die Johannesjünger und die Pharisäer – nicht fasten, kommt aus der gleichen Verwunderung.

Jesu Antwort verwendet, wie oft, ein Bild. Es ist das Bild von der Hochzeit. Schon die Propheten   hatten von einem großen Festmahl gesprochen, um die beglückenden und heilvollen Zustände anschaulich zu machen, die dann erfahrbar sind, wenn Gott sein Königtum über Israel und die Welt aufrichten wird (vgl. Jes 25,6-8; 55,1-3). Im Jesaja-Buch wird darüber hinaus das Handeln Gottes an seinem Bundesvolk, so wie es für die Tage der Heilszeit ersehnt wurde, mit einer ehelichen Hochzeit, dem innigsten Bundesschluss überhaupt, verglichen: Wie ein Bräutigam sich über seine Braut freut, so wird sich an jenem Tag Gott über sein Volk freuen und es sich ganz zu eigen vermählen (Jes 62,5, vgl. 61,10). – Jesus wusste sich gesandt, die Menschen in die jetzt anbrechende Gottesherrschaft einzuladen, damit sie in ihr leben und mit ihr Erfahrung gewinnen. Vor diesem Hintergrund wird sein Markenzeichen, das Feiern freudiger Festmähler, verständlich: Mit den neu gewonnenen Sündern zu feiern, war für ihn die bereits jetzt gültige Verwirklichung heilszeitlicher Freude und gleichzeitig der Vorgriff auf jenes große und endgültige Festmahl am Tisch Gottes. Aber auch der Gedanke der Hochzeit ist immer wieder gegeben: Jesus spricht in mehreren Gleichnissen vom

Hochzeitsmahl, zu dem Gott geladen hat (Mt 22,1-14: vom königlichen Hochzeitsmahl; Mt 25,1-13: von den Brautjungfern). Und nach Mk 2,19 unterstellt Jesus: Jetzt nimmt sich Gott sein Volk ganz zu eigen; jetzt, da das göttliche Hochzeitsfest gefeiert wird, da können die Hochzeitsgäste doch nicht fasten!

Die Antwort Jesu in V. 19 ist offensichtlich sehr bewusst formuliert, was man schon daran sieht, dass sie zweimal fast gleichlautend kommt, einmal als rhetorische Frage und dann als Feststellung. Es liegt ein feiner Doppelsinn in ihr. Man kann sie "heilsgeschichtlich" lesen: Mit Jesu Wirken bricht die Gottesherrschaft gnadenhaft an und wird schon erfahrbar. Das Hochzeitsmahl Gottes hat also schon begonnen. Das hieß für ihn damals (und ähnlich ist es bis heute überall dort, wo in der frischen Begegnung mit Jesu Verkündigung eine junge und begeisterte Lebensfreude entsteht): Hochzeitsgäste können einfach nicht fasten. Man kann die Formulierung aber auch "christologisch" lesen: Der Bräutigam ist unter uns, Jesus. Weil er da ist, ist Hochzeit. Wo er ist, ist Hochzeit. Um seinetwillen und in seiner Gegenwart kann man nicht anders, als sich freuen und feiern.

Der V. 20 bringt dann einen neuen Gedanken und auch einen neuen Ton ein: "Es werden aber Tage kommen, da wird ihnen der Bräutigam genommen sein; an jenem Tag werden sie fasten". Wieder liegen mehrere Sinnebenen darin. In christologischer Perspektive bedeutet es, dass seine Jünger Jesus nicht immer als strahlenden Bräutigam vor sich haben werden. Er wird ihnen an jenem Kreuz weggenommen sein, das seine Verkündigung auf den ersten Blick Lügen zu strafen schien, sie in Wahrheit aber umso mehr wahr werden ließ. Heilsgeschichtlich betrachtet besagt es, dass auch die österliche Kirche, die dem Auferweckten begegnet ist und die sich (bis heute) als Braut Jesu Christi verstehen darf, immer wieder die Erfahrung macht, dass ihr ihr Herr genommen und entzogen ist. In der Lebensgeschichte einzelner Christinnen und Christen bedeutet es, dass die hochgestimmte Freude und Fröhlichkeit, die viele am Beginn eines bewussten und entschiedenen Glaubenslebens beflügelt, nicht immer da sein wird. "Dann werden sie fasten ..." galt also für Jesu damalige Jünger, gilt immer wieder

für die Kirche auf dem Weg durch die Zeit und gilt auch immer wieder für die Christinnen und Christen auf den Wegen ihres Lebens. Wir sollten aber nicht übersehen, dass im Gesamt der Perikope von der Frage nach dem Fasten V. 20 nur ein Nachsatz ist, der uns Leser sozusagen am Boden halten will. Dass Jesusnachfolge aus einer hochzeitlichen Erfahrung kommt und im Kern immer eine solche bleibt, wird nicht zurückgenommen. Es ist eben wie in einer Ehe, zu der auch die Mühen und manchmal die Frustrationen eines langen Marsches gehören. Gut, wenn man sich in solchen Tagen an die Freude der ersten Tage erinnert und wenn man dann in sich spüren darf, dass das, was diese "hohe Zeit" aus uns werden ließ, ein ganzes Leben lang trägt.

An dieser Stelle fügt der Evangelist noch zwei zusammengehörige Bildworte an: von den alten Kleidern und vom neuen Stoff sowie vom jungen Wein und den alten Aufbewahrungsschläuchen (VV. 21-22). Sie stammen aus der Überlieferung der weisheitlichen Lehre Jesu. In beiden ist der Gegensatz von Alt und Neu herausgehoben. Das Alte ist dabei nichts per se Schlechtes. (Im Fall von edlen Weinen ist dies ganz evident, es gilt aber auch für liebgewordene Bekleidungsstücke.) Aber Altes und Neues passt nicht immer zusammen, jedes verdient und verlangt eine eigene, ihm angemessene Behandlung. Nur so kann es den ihm eigenen Wert behalten bzw. entfalten.

Im Zusammenhang mit den vorangegangen Erzählungen haben diese Bildworte einen deutlichen Sinn: Jesu Botschaft und Wirken wurden vielfach als schockierend und "aufregend" wahrgenommen. Denen, die ihm folgten, vermittelte er eine unerhörte Gottesbegegnung und gleichzeitig eine neue Selbst- und Welterfahrung. Aber nicht nur seine Gegner werden gefragt haben: Wie passt dies alles mit unseren religiösen und gesellschaftlichen Traditionen zusammen? Wirft er nicht alles über den Haufen? – Jesus reagierte durchaus unterschiedlich in solchen Situationen: Einerseits hat er wohl versucht, Ängste auszuräumen und darauf hingewiesen, dass sein Wirken die Tora und die Propheten nicht "auflöst, sondern erfüllt" (vgl. Mt 5,17; Lk 16,17). Andererseits, wenn es wie bei der Fastenfrage um Traditionen der Frömmigkeitspraxis ging, wirbt er mit weisheitlichen Bildworten um Vertrauen und Zustim-

mung: Neue Erfahrungen müssen ihren Platz bekommen und sollen nicht immer am Altvertrauten gemessen werden, sonst ersticken sie. Aus neuen Stoffen macht man neue Kleider. Junge Weine gehören in neue Schläuche. Das mussten sich die damaligen Ängstlichen gesagt sein lassen und das muss sich die Kirche aller Zeiten gesagt sein lassen.

Jesus war kein naiver "Revoluzzer", er verstand sich aber auch nicht als Hüter von Tradition. Aus seinen Bildworten spricht vielleicht weniger die Weisheit des Alters als vielmehr die Zuversicht der Jugend. Ob nicht auch sie eine tiefe Weisheit für sich hat? – Wie dem auch sei, das Entscheidende ist: Jesus bringt Neues. Das, was sein Wirken den Menschen anbietet, charakterisiert er als Neuheitserfahrung. Es wäre zu kurz gegriffen, die "Neuheit" Jesu nur im historischen Damals, das inzwischen lange vergangen ist, anzusiedeln. (Und es wäre töricht, sie mit den sich saisonal abwechselnden "Modeneuheiten" oder gar den gegenwärtigen "Anti-Aging"-Bemühungen zu verwechseln.) Die "Neuheit" Jesu ist eine grundlegende: Das, was Menschen bei ihm erfahren, ist "neu", weil es anders ist als das, was wir Menschen üblicherweise wagen und denken, versuchen und können. Das gilt auch noch nach zweitausend Jahren. Begegnung mit Jesus macht jung. Nachfolge Jesu hält jung.

JESUS, lehre mich zu verzichten und zu ernsthaft zu fasten.

12. Tag: 2,23-28
Das Abreißen der Ähren am Sabbat

An einem Sabbat ging er durch die Kornfelder und unterwegs rissen seine Jünger Ähren ab. Da sagten die Pharisäer zu ihm: Sieh dir an, was sie tun! Das ist doch am Sabbat verboten. Er antwortete: Habt ihr nie gelesen, was David getan hat, als er und seine Begleiter hungrig waren und nichts zu essen hatten - wie er zur Zeit des Hohenpriesters Abjatar in das Haus Gottes ging und die heiligen Brote aß, die außer den Priestern niemand essen darf, und auch

seinen Begleitern davon gab? Und Jesus fügte hinzu: Der Sabbat ist für den Menschen da, nicht der Mensch für den Sabbat. Deshalb ist der Menschensohn Herr auch über den Sabbat.

Die letzte Perikope des zweiten Kapitels im Markusevangelium mag nicht wenige Leser und Leserinnen etwas verwirren. Das betrifft zunächst einmal die erzählte Szene: Wie sollte man daran Anstoß nehmen, wenn jemand beim Sabbatspaziergang ein paar Halme abrupft und (wie wohl anzunehmen ist) die jungen Kerne aus den Ähren knabbert? Wären denn die Pharisäer so verbissene Gesetzesfanatiker gewesen, dass sie daran Anstoß nahmen? Die Verwunderung kann aber auch die Antwort Jesu betreffen, mit der er den Vorwurf zurückweist: Was soll die biblische Erzählung von David, als er die Schaubrote im Heiligtum aß (1 Sam 21,1-7), mit dem Verhalten der Jünger Jesu zu tun haben?

Betrachten wir zuerst den Vorwurf der Pharisäer: Diese waren keineswegs unerbittliche Rigoristen, die die Tora-Gebote so scharf auslegten, dass sie nicht mehr lebbar waren. Sie engagierten sich dafür, dass das ganze Volk die Gebote hielt, damit die Besonderheit des Bundesvolkes Israel öffentlich sichtbar erscheine. Nur dann, so meinten sie, würden die Segnungen des Gottesbundes auch erfahrbar werden, und nur so würde Gott die ersehnte Heilszeit anbrechen lassen. Deshalb wollten sie erreichen, dass sich das ganze Volk in einer Lebensform der kollektiven Gesetzesbefolgung übt. Dazu interpretierten sie die Tora-Gebote (keineswegs rigoristisch) und entwickelten eine Kultur des Lebens nach den Geboten, die man freudig und auch stolz befolgen sollte. Neben den Reinheitsgeboten war es für sie vor allem das Halten des Sabbats, das Israels Eigenart unter allen Völkern sichtbar macht: Der besondere Tag zur Ehre Gottes, an dem alle Arbeit ruht und an dem alle – auch und gerade die Armen und Unfreien, ja sogar die Haus- und Arbeitstiere – an der Freude über Gottes gute Schöpfung teilhaben sollen. Mit großer Liebe zum Detail, aber natürlich auch im Wissen um nötige Ausnahmen (z.B. wenn Lebensgefahr besteht), entwickelten sie Regeln, wie Israel die Sabbate halten soll. Erntearbeit hatte dabei natürlich keinen Platz. Das Abrupfen einiger Halme ist zwar keine eigentliche Ernte-

arbeit, das unterstellten auch die Pharisäer nicht, aber sie wollten, dass der Sabbat offensiv und demonstrativ gehalten wird. Es ging ihnen nicht darum, was gerade noch erlaubt ist, sondern darum, wie man eine besondere Sabbatkultur sichtbar machen kann. Und dazu passt das Verhalten, wie es Jesu Jünger unbekümmert an den Tag legten, nicht: Sie tun etwas, "was sich nicht gehört". (So kann man die Formulierung des Urtexts am Schluss von V. 24 auch übersetzen.)

Jesus war demgegenüber im Tiefsten überzeugt: Gott wartet nicht darauf, dass sein Volk die Bundesverpflichtungen der Tora gesamtheitlich und weltweit sichtbar einhält. In seiner grundlosen Güte hat er vielmehr bereits damit angefangen, seine Herrschaft über Israel und die Völker aufzurichten und sie durch ihn, Jesus, den Menschen zugute zu bringen und erfahrbar zu machen. Das vorgängige Tun des göttlichen Willens ist für Jesus deshalb nicht die Voraussetzung dafür, seine Gnade zu erfahren, denn so würde sie nie zum Zug kommen. Wie könnten denn so die Armen, die Ungebildeten, die Verlorenen, die Verirrten und Unreinen je an seiner Liebe teilhaben? Und die sich redlich um die Gebote Mühenden, bleiben nicht auch sie immer wieder hinter dem Willen Gottes zurück? Gott habe deshalb, das war Jesu innerstes Wissen, von sich aus und bedingungslos angefangen, alle – die Frommen und die Sünder – einzuladen und aufzunehmen. Das Halten der Gebote sah Jesus also nicht als die Bedingung dafür an, dass Gott in Güte an den Menschen handelt. Eher war es umgekehrt: Die Erfahrung der Liebe Gottes verändert die Menschen und das macht sie fähig, sich seinem Willen anzuschließen.

Dieses Wissen Jesu ist ein Ausdruck jener Vollmacht, in der er auftrat. Und in dieser Vollmacht "erlaubt" er seinen Jüngern auch ihr Verhalten, als sie sich nicht an der Lebensform und Sabbatkultur der Pharisäer beteiligten, wie gut gemeint diese auch gewesen sein mag. Jesus ermächtigte sie vielmehr zu einer Freiheit, die manchen als vermessen erscheinen mag. Aber offenbar ging es Jesus gerade darum: Wer Gottes Einladung zu einem Leben als sein Königskind angenommen hat, der entwickelt eine neue Lebensform voll von erstaunlicher Freiheit und Unbekümmertheit. Genau darauf will der Hinweis auf die Geschichte von David, dem jungen Held, und

seine Gefährten hinaus: David war, als er vor den Mordabsichten des Königs Saul fliehen musste, Hilfe suchend ins Heiligtum von Nob gekommen. Der dortige Priester konnte ihm in der Eile kein Mahl mit normalen Speisen anbieten. Nur sogenannte Schaubrote, die dem Kult dienen und die nur von den Priestern gegessen wurden, waren vorhanden. Und unbekümmert von kultischen Regeln, die normalerweise ja ihren guten Sinn haben, essen David und seine Gefährten davon. So stärken sie sich für den schwierigen Weg, auf dem er zum König und Gesalbten des Herrn werden sollte.

Diese Kurzversion der Geschichte, so wie wir sie in VV. 25-26 lesen, passt nicht in allen Einzelheiten mit der biblischen "Vorlage" von 2 Samuel 21,1-7 zusammen. (Vielleicht waren zur Zeit Jesu ja auch andere, volkstümlichere Varianten davon im Umlauf.) Aber jedenfalls ist deutlich, dass es auch in dieser Perikope um Jesu staunenswerte Vollmacht geht. Und diese Vollmacht erscheint hier einmal – man darf dabei durchaus lächeln – im Vergleich mit der jugendlichen Unbekümmertheit des verwegenen und listigen David.

Das letzte Wort hat dann aber doch nicht die "Unbekümmertheit". Der Evangelist lässt in V. 27 Jesus noch ein Wort hinzufügen: "Der Sabbat ist für den Menschen da, nicht der Mensch für den Sabbat". Das ist nun aber keine flache Parole, mit der man jede beliebige Leichtfertigkeit rechtfertigen könnte, sondern ein tiefsinniges Wort, das wieder mehrere Verstehensebenen eröffnet. Auf der ersten Ebene besagt es, dass die Freiheit und Ruhe des wöchentlichen Sabbattags ein Geschenk Gottes für die Menschen ist. Sie sollen diesen Tag genießen dürfen. Wer aber eine bestimmte Sabbatpraxis zur Bedingung dafür erklären will, dass Gott seine Freude an den Menschen hat, der verdreht den Sinn dieses Tags der Freiheit und macht die Menschen zu Sklaven, wenn schon nicht des Sabbats selbst, so jedenfalls einer bestimmten Art, ihn zu halten. Auf einer zweiten, tieferen Sinnebene dürfen wir noch das mitdenken, was in den Evangelien immer im Hintergrund steht, wenn Jesus mit dem Sabbat-Thema umgeht: Der Sabbat soll eine Voraus-Erfahrung jenes endgültigen Heils sein, das Gott seinem Volk schenkt. Schon in manchen religiösen Texten aus frühjüdischer Zeit war diese Idee vorhanden: Die beglückenden Zustände in der vollendeten Gottesherrschaft wur-

den als großer und ewiger Sabbat bezeichnet. Jesus, so scheint es, hat diesen Gedanken aufgegriffen und auf des Jetzt seines Wirkens bezogen. Darum heilte er, der ja kein professioneller Arzt war, auch gerade am Sabbat, weil damit sichtbar werden sollte, dass Gott jetzt endgültig die Menschen aufrichtet. Und deshalb erlaubte er auch die unbekümmerte Fröhlichkeit der Jünger in den Getreidefeldern, weil ihm dieses Verhalten (mehr als die bemühte Sabbatkultur der Pharisäer) geeignet schien, den letzten Sinn dieses geschenkten Feiertages offenbar zu machen: Gott richtet sein Reich auf, in dem sich alle der freien Gaben Gottes erfreuen dürfen. "Deshalb" - so schließt das Kapitel - "ist der Menschensohn Herr auch über den Sabbat" (V. 28).

JESUS, hilf mir den Sonntag als Tag des Herrn zu heiligen.

13. Tag: 3,1-6
Die Heilung eines Mannes am Sabbat

Als er ein andermal in eine Synagoge ging, saß dort ein Mann, dessen Hand verdorrt war. Und sie gaben Acht, ob Jesus ihn am Sabbat heilen werde; sie suchten nämlich einen Grund zur Anklage gegen ihn. Da sagte er zu dem Mann mit der verdorrten Hand: Steh auf und stell dich in die Mitte! Und zu den anderen sagte er: Was ist am Sabbat erlaubt: Gutes zu tun oder Böses, ein Leben zu retten oder es zu vernichten? Sie aber schwiegen. Und er sah sie der Reihe nach an, voll Zorn und Trauer über ihr verstocktes Herz, und sagte zu dem Mann: Streck deine Hand aus! Er streckte sie aus und seine Hand war wieder gesund. Da gingen die Pharisäer hinaus und fassten zusammen mit den Anhängern des Herodes den Beschluss, Jesus umzubringen.

Eine berührende Episode haben wir vor uns. Sie verbindet allerdings die Heilungsgeschichte mit einem Streitgespräch. Auf der einen Seite steht Jesus, der Mitleid mit dem Kranken hat und weichherzig ist, und auf der anderen ist eine Gruppe, die kein Mitleid haben will, sondern auf eine Konflikt-

partie mit ihrem Intimfeind aus ist. Das Heilungscharisma Jesu ist bekannt, aber das Entscheidende ist jetzt, ob er es auch am Sabbat einsetzen werde. Die Arglist der Gegner spielt dabei eine große Rolle, weil sie hier einen sicheren Grund zur Anklage findet: Gesetzesübertretung. Keine gute Tat bleibt ,unbestraft'! Die Krankheitsschilderung „erstarrte Hand" ist keine medizinische Diagnose, sondern die volkstümliche Umschreibung einer Lähmung – und die bezeichnet eine Gebrauchsunfähigkeit und einen Schwund des Lebens. Es war immer eine heiß umstrittene Sache, ob es am Sabbat erlaubt sei, Trauernde zu trösten und Kranke zu besuchen. Jesu Antwort ist also ein radikaler Beitrag zu einem aktuellen Disput. Dass die Gegner Jesus verklagen wollen, erhellt die Gefährlichkeit der Lage, in der er sich befindet.

In einem ersten Schritt wird der Kranke aufgefordert, aufzustehen und in die Mitte zu treten. In einem zweiten Schritt wendet sich Jesus an die Gegner, deren böse Gedanken er erkannt hat, mit einer Frage: Gutes oder Böses – Leben retten oder töten? Diese Frage rechtfertigt nicht nur die Heilungstat Jesu, sondern erklärt auch den Sinn seines charismatischen Wirkens. In einem dritten Schritt erweist Jesus die Macht seines Wortes durch das Wunder. Die Botschaft ist glasklar: In den Taten soll das Gute sein, nicht nur im Herzen und in Worten. Wer das Gute unterlässt, handelt böse. Und: Not kennt kein Gebot.

JESUS, ich preise dich für deine Wunder und deine Güte.

14. Tag: 3,7-12
Der Andrang des Volkes

Jesus zog sich mit seinen Jüngern an den See zurück. Viele Menschen aus Galiläa aber folgten ihm. Auch aus Judäa, aus Jerusalem und Idumäa, aus dem Gebiet jenseits des Jordan und aus der Gegend von Tyrus und Sidon kamen Scharen von Menschen zu ihm, als sie von all dem hörten, was er tat. Da sagte er zu seinen Jüngern, sie sollten ein Boot für ihn bereithalten, damit er von der Menge nicht erdrückt werde. Denn er heilte viele, sodass alle, die ein Lei-

den hatten, sich an ihn herandrängten, um ihn zu berühren. Wenn die von unreinen Geistern Besessenen ihn sahen, fielen sie vor ihm nieder und schrien: Du bist der Sohn Gottes! Er aber verbot ihnen streng, bekannt zu machen, wer er sei.

Dieser zusammengeraffte Bericht („Sammelbericht") erzählt von einer gewaltigen Volksmenge, die sich bei Jesus versammelt, von Massenheilungen, der Proklamation des Gottessohnes durch die Dämonen, die sich in Scharen zusammentun, und von seinem Tadel an ihnen. Der Zulauf der Volksscharen erreicht seinen Höhepunkt, weil sie aus verschiedenen Provinzen kommen. Die Kranken werden geheilt. Jesus zu berühren verspricht Heilung – nicht nur Heilung des Körpers, sondern auch Heilung der Seele. Den Dämonen wird ein übermenschliches Wissen zugeschrieben und es kommt zu unerwünschten Demonstrationen dieses Wissens. Jesus tut nur, was er tun muss und wofür er gesandt worden ist – die Liebe Gottes sichtbar zu machen – und Jesus hört damit nicht auf. Wer nichts Gutes tut, tut Böses. Das ist genau das, woran uns auch der Brief an die Hebräer erinnert: Vergesst nicht, Gutes zu tun und miteinander zu teilen; denn an solchen Opfern hat Gott Gefallen (13,16).

JESUS, heile die vielen Kranken, befreie alle Bedrängten!

15. Tag: 3,13-19 - Die Wahl der Zwölf

Jesus stieg auf einen Berg und rief die zu sich, die er erwählt hatte, und sie kamen zu ihm. Und er setzte zwölf ein, die er bei sich haben und die er dann aussenden wollte, damit sie predigten und mit seiner Vollmacht Dämonen austrieben. Die Zwölf, die er einsetzte, waren: Petrus - diesen Beinamen gab er dem Simon -, Jakobus, der Sohn des Zebedäus, und Johannes, der Bruder des Jakobus - ihnen gab er den Beinamen Boanerges, das heißt Donnersöhne -, dazu Andreas, Philippus, Bartholomäus, Matthäus, Thomas, Jakobus, der Sohn des Alphäus, Thaddäus, Simon Kananäus und Judas Iskariot, der ihn dann verraten hat.

Die Einsetzung des Zwölferkreises ist ein klares Zeichen, dass Jesus die Aufgaben nicht allein ausführen möchte. Außerdem ist die Ernte so groß und die Arbeiter sind so wenige. Die Gerufenen gehen nicht irgendeiner Beschäftigung nach, sondern sie sollen zuerst mit Jesus sein und erst nachher werden sie ausgesandt. Vor der Aussendung gibt es eine intensive Formation: geistlich, menschlich, allgemein. Die Auserwählten müssen sich trainieren, um ein gutes Gehör, eine klare, sorgfältige Sicht, ein hörendes, spürendes, feinfühliges Herz, eine helfende, hilfsbereite Hand usw. zu haben wie Jesus. Kurz gefasst – sie müssen sich bemühen, ein Abbild Jesu, ein Ebenbild Jesu zu werden. Wenn sie dieses Ausbildungsprogramm nicht durchziehen, können sie nicht so glaubwürdig und effektiv sein wie Jesus. Die Zwölf werden darüber hinaus mit Vollmacht ausgestattet. Sie haben teil an der Sendung Jesu: Genau wie er, in seinem Auftrag, sollen sie die frohe Botschaft des Reiches Gottes verkünden, die Kranken heilen und die Dämonen austreiben. Sie sind dazu berufen, das Werk Jesu fortzusetzen und die Kontinuität zwischen Jesus und der Zeit der Kirche zu gewährleisten. Sie sind einfältig, ungebildet, naiv aber aufrecht, treuherzig und immer einsatzbereit, und Jesus hat das gewusst. Jesus wollte ihre Bereitschaft und nicht ihre Klugheit, ihr Vorbereitetsein und nicht ihr Wissen. Gott kann auf krummen Zeilen gerade schreiben. Sind wir heute bereit uns für ihn und für seine Sache einzusetzen? Ist Gott für uns, wer ist dann gegen uns? Alles vermögen wir durch ihn, der uns Kraft gibt.

JESUS, mögen deine Apostel für uns Fürbitter bei dir sein.

16. Tag: 3,20-30
Jesus und seine Angehörigen; Verteidigungsrede Jesu

Jesus ging in ein Haus und wieder kamen so viele Menschen zusammen, dass er und die Jünger nicht einmal mehr essen konnten. Als seine Angehörigen davon hörten, machten sie sich auf den Weg, um ihn mit Gewalt zurückzuholen; denn sie sagten: Er ist von Sinnen. Die Schriftgelehrten, die von Jerusalem herabgekommen waren, sagten:

Er ist von Beelzebul besessen; mit Hilfe des Anführers der Dämonen treibt er die Dämonen aus. Da rief er sie zu sich und belehrte sie in Form von Gleichnissen: Wie kann der Satan den Satan austreiben? Wenn ein Reich in sich gespalten ist, kann es keinen Bestand haben. Wenn eine Familie in sich gespalten ist, kann sie keinen Bestand haben. Und wenn sich der Satan gegen sich selbst erhebt und mit sich selbst im Streit liegt, kann er keinen Bestand haben, sondern es ist um ihn geschehen. Es kann aber auch keiner in das Haus eines starken Mannes einbrechen und ihm den Hausrat rauben, wenn er den Mann nicht vorher fesselt; erst dann kann er sein Haus plündern. Amen, das sage ich euch: Alle Vergehen und Lästerungen werden den Menschen vergeben werden, so viel sie auch lästern mögen; wer aber den Heiligen Geist lästert, der findet in Ewigkeit keine Vergebung, sondern seine Sünde wird ewig an ihm haften. Sie hatten nämlich gesagt: Er ist von einem unreinen Geist besessen.

Der Zustrom der Volksmenge ist so gewaltig, dass Jesus nicht mehr die verdiente und nötige Ruhe finden kann. Seine Angehörigen sind aufgebrochen, um ihn zurück zu holen. Was für eine Nachricht sie erhalten haben, ist uns nicht klar, aber Ihr Urteil – „Er ist von Sinnen" – ist wirklich sehr hart. Die Tätigkeit des Offenbarers stößt auf Unverständnis, selbst bei seiner Familie. Der Andrang der Menge, der ihn am Essen und Ausruhen hindert, steht im Kontrast zur Ablehnung seiner Angehörigen. Niemand von seinen Gegnern gibt sich die Mühe, herauszufinden, was Jesus wirklich tut und was seine Pläne sind. Niemand bringt die Geduld dazu auf und alle sind demotiviert und blind. Der erste Vorwurf ist der der Besessenheit. Von Beelzebul besessen – das ist sein neuer ‚Ehrentitel'. Der zweite Vorwurf ist der des Teufelsbündnisses und der Zauberei. Jesus wird als Wunder-charismatiker der Zauberei verdächtigt, weil er eine neue Lehre verkündigt, aber die Chance, die Rede Jesu und sein Tun zu verstehen, hat nur, wer bereit ist, sein Jünger zu werden und ihm nachzufolgen. Seine Rede und sein Tun beschränken sich nicht darauf, Theorien zu vermitteln, sondern wollen den Menschen verändern. Das Ziel der Ausführung über die vergebbaren und nicht vergebbaren Sünden ist die Verurteilung derer, die Jesus verteufeln und das Heilswirken der Kirche verdächti-

gen. Wer Jesus lästert, lästert den Heiligen Geist, weil Jesus mit dem Heiligen Geist gesalbt und gesandt worden ist. Der gegen Jesus gerichtete Vernichtungswille bricht sich Bahn. Für uns aber wird es darauf ankommen, dass wir die Augen aufhalten und den befreienden Kampf Jesu gegen das Böse fortsetzen.

JESUS, rette mich davor, den Hl. Geist jemals zu lästern.

17. Tag: 3,31-35
Von den wahren Verwandten Jesu

Da kamen seine Mutter und seine Brüder; sie blieben vor dem Haus stehen und ließen ihn herausrufen. Es saßen viele Leute um ihn herum und man sagte zu ihm: Deine Mutter und deine Brüder stehen draußen und fragen nach dir. Er erwiderte: Wer ist meine Mutter und wer sind meine Brüder? Und er blickte auf die Menschen, die im Kreis um ihn herumsaßen, und sagte: Das hier sind meine Mutter und meine Brüder. Wer den Willen Gottes erfüllt, der ist für mich Bruder und Schwester und Mutter.

Jemand ruft Jesus mit dem Hinweis auf die Anwesenheit seiner Mutter, seiner Brüder und Schwestern heraus. Die Antwort Jesu ergeht in Form einer Frage, die eine gewisse innere Distanz gegenüber den Ansprüchen seines Familienkreises zu erkennen gibt und gleichzeitig auf die nachfolgende überraschende Weisung vorbereitet. Jesus weist den ‚Besitzanspruch' seiner Verwandten zurück mit Hinweis auf eine neue Familie, die sich um ihn zu bilden beginnt. Damit waren ursprünglich die im Haus versammelten Jünger gemeint. Der Zwölf sind als Keimzelle der sich um Jesus scharenden Gemeinde konstituiert. Wer ist die Mutter Jesu? Wer ist der Bruder und die Schwester Jesu? Es kommt auf das Tun des göttlichen Willens an. Alle im Volk, die hörwillig vor ihm sitzen, sind unmittelbar angesprochen, sie sind Jesu Mutter und Schwestern und Brüder – die Betonung liegt also auf der Konstituierung seiner geistlichen Familie. Gleichzeitig werden die natürlichen Bande aber nicht abgeschnitten. Jesu Distanzierung von seinen leibli-

chen Verwandten geschieht im Hinblick auf die neue Familie der Glauben-den. Diese Familie versammelt sich um das Wort Gottes und bindet sich auch kompromisslos an den Willen Gottes. „Hört das Wort nicht nur an, sondern tut es; sonst betrügt ihr euch selbst" (Jak 1,22). Das „gute Werk" ist das äußere Merkmal der neuen Familie Gottes.

JESUS, in deiner Kraft will ich den Willen Gottes tun.

18. Tag: 4,1-9 - Das Gleichnis vom Sämann

Ein andermal lehrte er wieder am Ufer des Sees und sehr viele Menschen versammelten sich um ihn. Er stieg deshalb in ein Boot auf dem See und setzte sich; die Leute aber standen am Ufer. Und er sprach lange zu ihnen und lehrte sie in Form von Gleichnissen. Bei dieser Belehrung sagte er zu ihnen: Hört! Ein Sämann ging aufs Feld, um zu säen. Als er säte, fiel ein Teil der Körner auf den Weg und die Vögel kamen und fraßen sie. Ein anderer Teil fiel auf felsi-gen Boden, wo es nur wenig Erde gab, und ging sofort auf, weil das Erdreich nicht tief war; als aber die Sonne hochstieg, wurde die Saat versengt und verdorrte, weil sie keine Wurzeln hatte. Wieder ein anderer Teil fiel in die Dornen und die Dornen wuchsen und erstickten die Saat und sie brachte keine Frucht. Ein anderer Teil schließlich fiel auf guten Boden und brachte Frucht; die Saat ging auf und wuchs empor und trug dreißigfach, ja sechzigfach und hun-dertfach. Und Jesus sprach: Wer Ohren hat zum Hören, der höre!

Jesus hat gerne in Form von Geleichnissen gelehrt. Vielleicht hat er das deshalb getan, weil Gleichnisse die Zuhörer dazu auffordern, sich selbst eigene Gedanken zu machen. Jesus möchte so in eine Art von Dialog mit seinen Zuhörern treten. Wenn wir heute seine Gleichnisse in der Heiligen Schrift lesen, können wir auch in einen Dialog mit ihm treten. Wir nennen das Gebet, denn Gebet bedeutet Offenheit für Gott, Sprechen mit Gott, Hören auf Gott in der Tiefe des Herzens.

Es geht Jesus in diesem Gleichnis ums Hören. In Vers 3 beginnt er seine Rede mit der Aufforderung „Hört!" und schließt in Vers 9 wieder damit. „Hören" klingt einfach, ist es aber nicht. Zuhören heißt vor allem offen zu sein für einen anderen, der mir etwas sagen will. Wenn ich selbst aber die ganze Zeit rede, werde ich niemals richtig hören können. Ich kenne viele Menschen, die nicht zuhören. Sie reden immer von sich selbst. Wie angenehm wäre es, sie würden einmal ruhig sein und andere zu Wort kommen lassen. Aber die meisten der Vielredner merken ihre Geschwätzigkeit gar nicht. Menschen, die zuhören sind eine Wohltat! Wie gut tut es, wenn ein Mensch nachfragt, wenn ich ihm etwas erzähle und nicht gleich mit seinen eigenen Erfahrungen kommt. Wer zuhört, ist wie ein aufnahmebereiter Ackerboden, er lässt das Wort an sich heran.

JESUS, ich will auf dich hören und reiche Frucht bringen.

19. Tag: 4,10-12
Sinn und Zweck der Gleichnisse

Als er mit seinen Begleitern und den Zwölf allein war, fragten sie ihn nach dem Sinn seiner Gleichnisse. Da sagte er zu ihnen: Euch ist das Geheimnis des Reiches Gottes anvertraut; denen aber, die draußen sind, wird alles in Gleichnissen gesagt;

denn sehen sollen sie, sehen, aber nicht erkennen;
hören sollen sie, hören, aber nicht verstehen,
damit sie sich nicht bekehren
und ihnen nicht vergeben wird.

Jetzt ist Jesus im kleinen Kreis seiner engeren Freunde und der zwölf Apostel. In diesem Kreis spricht er offener. Warum? Seine Begleiter haben Jesus schon öfter zugehört, sie sind offen geworden für sein Wort, sie haben ihn an sich herangelassen. Damit haben sie etwas gelernt, das vielen anderen Menschen noch fehlte: Aufnahmebereitschaft für das Wort Gottes. Deshalb muss Jesus sie nicht mehr mit seinen Gleichnissen zum Zuhören

gewinnen und kann offen zu ihnen sprechen. Wir sehen daraus, dass ein vertrauter Umgang mit Jesus langsam wächst. Es braucht Zeit, mehr von Jesus zu verstehen. Wer aber „dran bleibt" wie die Begleiter Jesu, wird immer mehr von ihm auffassen und immer klarer sehen.

In Vers 12 steht ein rätselhaftes Wort: Jesus spricht von der Erfüllung eines Zitates des Propheten Jesaja (Vgl. Jes 6,9-10) „Sehen sollen sie, sehen aber nicht erkennen; …" Jesus bezieht sich damit auf die vielen Menschen, die ihn nicht verstanden haben. Es gab zwar viele, die ihn interessant fanden und wegen seiner Heilungen bewunderten, aber es waren nur wenige, die sich für seine große Liebe zu Gott interessierten. Sie sahen zwar die Wunder, verstanden aber nicht, dass er sie damit zu Gott, dem Vater, führen wollte. Mich erinnert dieser Vers 12 auch an Menschen unserer modernen Mediengesellschaft: Man kann mit moderner Technik so viel sehen und hören, aber das heißt bei weitem noch nicht, dass man deshalb mehr vom Leben versteht oder glücklicher wäre.

JESUS, ich will die Wahrheit sehen, hören und annehmen.

20. Tag: 4,13-20
Die Deutung des Gleichnisses vom Sämann

Und er sagte zu ihnen: Wenn ihr schon dieses Gleichnis nicht versteht, wie wollt ihr dann all die anderen Gleichnisse verstehen? Der Sämann sät das Wort. Auf den Weg fällt das Wort bei denen, die es zwar hören, aber sofort kommt der Satan und nimmt das Wort weg, das in sie gesät wurde. Ähnlich ist es bei den Menschen, bei denen das Wort auf felsigen Boden fällt: Sobald sie es hören, nehmen sie es freudig auf; aber sie haben keine Wurzeln, sondern sind unbeständig, und wenn sie dann um des Wortes willen bedrängt oder verfolgt werden, kommen sie sofort zu Fall. Bei anderen fällt das Wort in die Dornen: sie hören es zwar, aber die Sorgen der Welt, der trügerische

Reichtum und die Gier nach all den anderen Dingen machen sich breit und ersticken es und es bringt keine Frucht. Auf guten Boden ist das Wort bei denen gesät, die es hören und aufnehmen und Frucht bringen, dreißigfach, ja sechzigfach und hundertfach.

Hier haben wir das einzige Gleichnis mit einer Deutung durch Jesus. Seine Auslegung zeigt uns, dass selbst seine Jünger ihn nicht verstanden, seine treuen Gefährten. Das ist tröstlich für mich, der auch nicht alles an Jesus versteht. Mit dem Sämann ist Gott gemeint, mit der Saat sein Wort. Es stimmt schon: Menschen reagieren sehr verschieden auf die Bibel, das Wort Gottes, so wie Jesus es beschreibt. Und ich selber reagiere auch nicht jeden Tag gleich darauf: Manchmal bin ich ganz offen für Gott, an einem anderen Tag habe ich vor allem Sorgen und kreise um mich selbst. Ja, in mir selbst gibt es auch diese verschiedenartigen Ackerböden. Was bedeutet wohl die Frucht? Jesus sagt an anderer Stelle, dass das Wichtigste im Leben die Liebe zu Gott und zum Nächsten (wie zu sich selbst) ist. Daher wird wohl ein Leben in überfließender Liebe mit der Frucht im Gleichnis gemeint sein.

JESUS, segne mich, dass mein Leben für dich Frucht bringt.

21. Tag: 4,21-25 - Vom rechten Hören

Er sagte zu ihnen: Zündet man etwa ein Licht an und stülpt ein Gefäß darüber oder stellt es unter das Bett? Stellt man es nicht auf den Leuchter? Es gibt nichts Verborgenes, das nicht offenbar wird, und nichts Geheimes, das nicht an den Tag kommt. Wenn einer Ohren hat zum Hören, so höre er! Weiter sagte er: Achtet auf das, was ihr hört! Nach dem Maß, mit dem ihr messt und zuteilt, wird euch zugeteilt werden, ja, es wird euch noch mehr gegeben. Denn wer hat, dem wird gegeben; wer aber nicht hat, dem wird auch noch weggenommen, was er hat.

Hier geht es nicht mehr um das Bild vom Sämann und der Saat, aber noch immer um dasselbe Thema: Jesus spricht in kurzen Gleichnisbildern

vom Hören, vom Aufnehmen seiner Lehre, das so ist wie das Empfangen eines Lichtes. Wenn du das Licht empfangen hast, soll es leuchten, so wie die gesäte Saat wachsen soll. Die Bereitschaft zum Zuhören, sich auf Jesus und die Hl. Schrift einzulassen, ist die Voraussetzung dafür.

JESUS, ich will großzügig sein im Tun des Guten.

22. Tag: 4,26-29
Das Gleichnis vom Wachsen der Saat

Er sagte: Mit dem Reich Gottes ist es so, wie wenn ein Mann Samen auf seinen Acker sät; dann schläft er und steht wieder auf, es wird Nacht und wird Tag, der Samen keimt und wächst und der Mann weiß nicht, wie. Die Erde bringt von selbst ihre Frucht, zuerst den Halm, dann die Ähre, dann das volle Korn in der Ähre. Sobald aber die Frucht reif ist, legt er die Sichel an; denn die Zeit der Ernte ist da.

Wachstum braucht Zeit, das gilt auch für das Wachsen im Glauben und in der Liebe. In dieser Zeit ist Gott im Verborgenen am Werk, auch wenn man von ihm nichts merkt, wie der Bauer nichts von der Kraft der Natur im Halm mitbekommt. Aber währenddessen ist die Pflege der Pflanze dem Bauern (d.h. dem Menschen) anvertraut: Gott hat einen guten Grund gelegt, jetzt muss der Mensch darum sorgen. Die Hände in den Schoß zu legen ist zu wenig: Wenigstens vom Anlegen der Sichel ist die Rede.

JESUS, lehre mich Gelassenheit und Vertrauen auf dich.

23. Tag: 4,30-34
Das Gleichnis vom Senfkorn

Er sagte: Womit sollen wir das Reich Gottes vergleichen, mit welchem Gleichnis sollen wir es beschreiben? Es gleicht einem Senfkorn. Dieses ist das kleinste von allen Samenkörnern, die man in

die Erde sät. Ist es aber gesät, dann geht es auf und wird größer als alle anderen Gewächse und treibt große Zweige, sodass in seinem Schatten die Vögel des Himmels nisten können. Durch viele solche Gleichnisse verkündete er ihnen das Wort, so wie sie es aufnehmen konnten. Er redete nur in Gleichnissen zu ihnen; seinen Jüngern aber erklärte er alles, wenn er mit ihnen allein war.

Eine Einladung dazu, mit Jesus alleine zu sein: Das geht vor allem im stillen Gebet. Man muss sich nur Zeit nehmen dafür und Jesus ernst nehmen. Jesus Christus ist tatsächlich da und möchte mit dir reden!

JESUS, du redest mit mir - ich will gerne auf dich hören.

24. Tag: 4,35-41
Der Sturm auf dem See

Am Abend dieses Tages sagte er zu ihnen: Wir wollen ans andere Ufer hinüberfahren. Sie schickten die Leute fort und fuhren mit ihm in dem Boot, in dem er saß, weg; einige andere Boote begleiteten ihn. Plötzlich erhob sich ein heftiger Wirbelsturm, und die Wellen schlugen in das Boot, sodass es sich mit Wasser zu füllen begann. Er aber lag hinten im Boot auf einem Kissen und schlief. Sie weckten ihn und riefen: Meister, kümmert es dich nicht, dass wir zugrunde gehen? Da stand er auf, drohte dem Wind und sagte zu dem See: Schweig, sei still! Und der Wind legte sich und es trat völlige Stille ein. Er sagte zu ihnen: Warum habt ihr solche Angst? Habt ihr noch keinen Glauben? Da ergriff sie große Furcht und sie sagten zueinander: Was ist das für ein Mensch, dass ihm sogar der Wind und der See gehorchen?

Die Stillung des Seesturmes schließt das Kapitel mit den Gleichnissen vom Hören ab und ist eine Beispielgeschichte dafür. Den Jüngern fällt das Hören schwer: Sie sind doch schon einige Zeit mit Jesus unterwegs und

haben ihn immer noch nicht verstanden. Sie glauben im Ernstfall des Seesturmes eben nicht, dass er sie retten kann. Sie hatten zwar seine Worte
gehört, sie aber nicht wirklich an sich herangelassen, ihn nicht verstanden.
Erst nach dem Tod und der Auferstehung Jesu wird sich das ändern. Wind
und Wasser scheinen da weiter zu sein als die Apostel, denn sie gehorchen
Jesus. Und gehorchen kommt ja von „hören": Die Elemente der Natur hören auf ihren Meister.

JESUS, rette mich aus aller Anfechtung und Gefahr!

25. Tag: 5,1-20
Die Heilung des Besessenen von Gerasa

**Sie kamen an das andere Ufer des Sees, in das Gebiet von Gerasa.
Als er aus dem Boot stieg, lief ihm ein Mann entgegen, der von einem unreinen Geist besessen war. Er kam von den Grabhöhlen, in
denen er lebte. Man konnte ihn nicht bändigen, nicht einmal mit
Fesseln. Schon oft hatte man ihn an Händen und Füßen gefesselt,
aber er hatte die Ketten gesprengt und die Fesseln zerrissen; niemand konnte ihn bezwingen. Bei Tag und Nacht schrie er unaufhörlich in den Grabhöhlen und auf den Bergen und schlug sich mit Steinen. Als er Jesus von weitem sah, lief er zu ihm hin, warf sich vor
ihm nieder und schrie laut: Was habe ich mit dir zu tun, Jesus, Sohn
des höchsten Gottes? Ich beschwöre dich bei Gott, quäle mich nicht!
Jesus hatte nämlich zu ihm gesagt: Verlass diesen Mann, du unrei-
ner Geist! Jesus fragte ihn: Wie heißt du? Er antwortete: Mein Name
ist Legion; denn wir sind viele. Und er flehte Jesus an, sie nicht aus
dieser Gegend zu verbannen. Nun weidete dort an einem Berghang
gerade eine große Schweineherde. Da baten ihn die Dämonen: Lass
uns doch in die Schweine hineinfahren! Jesus erlaubte es ihnen.
Darauf verließen die unreinen Geister den Menschen und fuhren in
die Schweine und die Herde stürzte sich den Abhang hinab in den
See. Es waren etwa zweitausend Tiere und alle ertranken.**

Die Hirten flohen und erzählten alles in der Stadt und in den Dörfern. Darauf eilten die Leute herbei, um zu sehen, was geschehen war. Sie kamen zu Jesus und sahen bei ihm den Mann, der von der Legion Dämonen besessen gewesen war. Er saß ordentlich gekleidet da und war wieder bei Verstand. Da fürchteten sie sich. Die, die alles gesehen hatten, berichteten ihnen, was mit dem Besessenen und mit den Schweinen geschehen war. Darauf baten die Leute Jesus, ihr Gebiet zu verlassen. Als er ins Boot stieg, bat ihn der Mann, der zuvor von den Dämonen besessen war, bei ihm bleiben zu dürfen. Aber Jesus erlaubte es ihm nicht, sondern sagte: Geh nach Hause und berichte deiner Familie alles, was der Herr für dich getan und wie er Erbarmen mit dir gehabt hat. Da ging der Mann weg und verkündete in der ganzen Dekapolis, was Jesus für ihn getan hatte, und alle staunten.

Natürlich, Grabhöhlen gibt es in Europa nicht mehr, und niemand von uns hat jemals einen Menschen gesehen, der sich so eigenartig benimmt, wie der „angeblich Besessene" von Gerasa, den Markus beschreibt: Er schreit, er lässt sich nicht „ruhig stellen", würde man heute sagen, obwohl die Leute wohl Angst vor ihm hatten, er verletzt sich selbst mit Steinen! Wer von uns Heutigen reagiert nicht mit „Ein Verrückter, ein Fall für den Psychiater"?

Noch eigenartiger wird die Geschichte allerdings, wenn man weiter liest: Jesus scheint ihn, völlig anders als alle anderen Menschen, in größte Unruhe zu versetzen. Zugleich redet der Mann mit Jesus irgendwie vernünftig, wenn auch schwer zu begreifen für damalige und heutige Zuhörer. Auch verhält sich Jesus völlig anders als bei Heilungen von Kranken: Er redet mit dem Mann, aber eigentlich nicht mit dem Mann, sondern mit den Dämonen, die in ihm hausen und denen er zuletzt erlaubt, sich in eine Schweineherde zu stürzen.

Wir Heutigen sollten uns auch von dem nicht sehr schmeichelhaften Vorurteil lösen, unsere Vorfahren waren nur dumm, weil sie den Mann für besessen hielten, obwohl er doch nur krank war, psychisch krank! Gegen die „Sicherheit" unserer Urteilsbildung spricht: Die Damaligen waren Zeugen

der Ereignisse, wir hingegen sind es nicht! Mit anderen Worten: Auch wenn wir Manches in dieser Geschichte nicht verstehen: Alles spricht eigentlich dafür, dass es so war, wie Markus berichtet!" Zu meinen, es könne nur das geben, was wir Heutigen auch verstehen, ist kindisch und spricht nicht für uns!! So eigenartig diese Bibelstelle sein mag, manches begreifen wir sehr wohl und es lohnt sich, darüber nachzudenken: Der Mann, heißt es, war von einem „unreinen Geist" besessen. Durch sein eigenartiges Verhalten und die Bedrohung, die von ihm ausgeht, schließt er sich aus der Gemeinschaft der Menschen aus und wird auch von der Dorfgemeinschaft ausgeschlossen. Die Diagnose, dass er von einem „unreinen Geist besessen war", wird dann, auf die Frage Jesu nach seinem Namen hin, durch seinen Mund hindurch, aber nicht von ihm selbst, korrigiert: „Mein Name ist Legion; denn wir sind viele." Die Begegnung mit Jesus empfindet er zunächst als „Qual", aber sie führt ihn auch zu seiner Erlösung!

„Unreine Geister" kennen wir auch heute und sollten dabei auch, aber nicht nur und nicht einmal hauptsächlich an sexuell süchtige, sexuell gestörte Menschen denken. „Unrein" macht jede Form der Sünde, also auch die Habsucht, die Lüge, die Eifersucht, der Hass und vor allem jede Art von „Götzendienst", auch wenn man davon heute nicht mehr spricht – so, als ob es die Anbetung „goldener Kälber" nicht mehr gäbe!" Dass auch die heutigen „Unreinen" die Begegnung mit Jesus als Qual empfinden, zeigen der rational unerklärbare Hass auf die Kirche und ihre Verfolgung, wie sie weltweit zu sehen sind! Aber auch umgekehrt: Die Begegnung mit Jesus führt oft und oft zu einer radikalen Veränderung des Lebens und zu einem Zurück in die Gemeinschaft der Menschen! Tragisch im Evangelium ist die Reaktion derer, die Zeugen des Vorfalls wurden: Statt sich über den armen Mann, der jetzt wieder „bei Verstand" ist, zu freuen, fürchten sie sich und wollen, dass Jesus weggehe. Wovor fürchten sie sich? Vielleicht einfach davor, dass sie ihr Leben ändern müssten, ihr Leben, das vielleicht auch tief in der „Unreinheit" verhaftet ist? Das Evangelium erklärt den Grund der Furcht nicht näher, aber wir lesen in der Bibel ja immer wieder: Eine Gottesbegegnung löst bei den Sündern die Gottes-Angst aus, die sie antreibt, sich vor Ihm zu verstecken (Adam nach dem Sündenfall). Bei Gottesfürchtigen hingegen führt die Gottes-

begegnung zu einer „heiligen Gottes-Furcht", die dazu führt, sich vor ihm zu verhüllen (Mose vor dem brennenden Dornbusch), sich niederzuwerfen (Abraham ebenso wie die Jünger auf dem Berg Tabor)) und angesichts auch ihrer Sünden den Herrn zu bitten, sich von ihnen zu entfernen (Petrus). Sogar zu Maria, der Sündenlosen, nicht nur zu Zacharias, sagt der Engel: „Fürchte dich nicht!" Von Teresa von Avila wird berichtet, sie habe auf die Frage, ob sie sich vor dem Sterben fürchte, geantwortet: Weder vor dem Leiden vor dem Tod, noch vor dem Tod selbst und auch nicht vor dem Gericht Gottes fürchte sie sich, sondern nur davor, „der Heiligkeit Gottes" zu begegnen!

Eigenartig und zugleich vielsagend ist auch der Schluß der Geschichte: Der Mann, von den Dämonen befreit, will mit Jesus gehen aber dieser schickt ihn zu seiner Familie zurück: Dort ist sein Platz, nicht in der direkten Nachfolge Jesu, Ein neues Ausgeschlossen-Werden? Nein, es ist nur ein anderer Ruf Gottes und letztlich gleichwertvoll wie eine Stellung sozusagen in der „Hierarchie" der Kirche!

JESUS, auch heute gibt es Besessene - befreie sie, Herr!

26. Tag: 5,21-43
Auferweckung eines Mädchens; Heilung einer Frau

Jesus fuhr im Boot wieder ans andere Ufer hinüber und eine große Menschenmenge versammelte sich um ihn. Während er noch am See war, kam ein Synagogenvorsteher namens Jaïrus zu ihm. Als er Jesus sah, fiel er ihm zu Füßen und flehte ihn um Hilfe an; er sagte: Meine Tochter liegt im Sterben. Komm und leg ihr die Hände auf, damit sie wieder gesund wird und am Leben bleibt. Da ging Jesus mit ihm. Viele Menschen folgten ihm und drängten sich um ihn. Darunter war eine Frau, die schon zwölf Jahre an Blutungen litt. Sie war von vielen Ärzten behandelt worden und hatte dabei sehr zu leiden; ihr ganzes Vermögen hatte sie ausgegeben, aber es hatte ihr nichts genutzt, sondern ihr Zustand war immer schlimmer geworden. Sie

hatte von Jesus gehört. Nun drängte sie sich in der Menge von hinten an ihn heran und berührte sein Gewand. Denn sie sagte sich: Wenn ich auch nur sein Gewand berühre, werde ich geheilt. Sofort hörte die Blutung auf und sie spürte deutlich, dass sie von ihrem Leiden geheilt war. Im selben Augenblick fühlte Jesus, dass eine Kraft von ihm ausströmte, und er wandte sich in dem Gedränge um und fragte: Wer hat mein Gewand berührt? Seine Jünger sagten zu ihm: Du siehst doch, wie sich die Leute um dich drängen, und da fragst du: Wer hat mich berührt? Er blickte umher, um zu sehen, wer es getan hatte. Da kam die Frau, zitternd vor Furcht, weil sie wusste, was mit ihr geschehen war; sie fiel vor ihm nieder und sagte ihm die ganze Wahrheit. Er aber sagte zu ihr: Meine Tochter, dein Glaube hat dir geholfen. Geh in Frieden! Du sollst von deinem Leiden geheilt sein.

Während Jesus noch redete, kamen Leute, die zum Haus des Synagogenvorstehers gehörten, und sagten (zu Jaïrus): Deine Tochter ist gestorben. Warum bemühst du den Meister noch länger? Jesus, der diese Worte gehört hatte, sagte zu dem Synagogenvorsteher: Sei ohne Furcht; glaube nur! Und er ließ keinen mitkommen außer Petrus, Jakobus und Johannes, den Bruder des Jakobus. Sie gingen zum Haus des Synagogenvorstehers. Als Jesus den Lärm bemerkte und hörte, wie die Leute laut weinten und jammerten, trat er ein und sagte zu ihnen: Warum schreit und weint ihr? Das Kind ist nicht gestorben, es schläft nur. Da lachten sie ihn aus. Er aber schickte alle hinaus und nahm außer seinen Begleitern nur die Eltern mit in den Raum, in dem das Kind lag. Er fasste das Kind an der Hand und sagte zu ihm: Talita kum!, das heißt übersetzt: Mädchen, ich sage dir, steh auf! Sofort stand das Mädchen auf und ging umher. Es war zwölf Jahre alt. Die Leute gerieten außer sich vor Entsetzen. Doch er schärfte ihnen ein, niemand dürfe etwas davon erfahren; dann sagte er, man solle dem Mädchen etwas zu essen geben.

In diesem Evangelium folgen zwei verschiedene Geschichten: Zuerst hören wir von der Bitte des Jairus, der um das Leben seiner Tochter bangt und Jesus

um Hilfe anfleht. Jesus geht zwar mit ihm, aber auf dem Weg geschieht noch Anderes: Eine Frau, die an Blutungen leidet, drängt sich durch die Menge der Menschen, um wenigstens sein Gewand zu berühren! Und tatsächlich, sie wir geheilt. Wohl noch noch wichtiger für sie war die kurze Begegnung mit Jesus: Er redet mit ihr! Man kann es sich kaum anders vorstellen als dass Jesus sie wirklich liebvoll anschaute und dann ihren Glauben lobte! Ihr Leiden war der Frau sicher peinlich, und Jesus schützte auch, als er sie heilte, ihre Intimsphäre: Die Menschenmenge nahm nichts von dem, was geschehen war, wahr. Es ging auch nicht darum, die Menge zu überzeugen, sondern nur um diese Frau und ihre Heilung!

Erst nach diesem Ereignis kommt Jesus in das Haus des Jairus: Das Mädchen ist schon tot, er kommt zu spät! So denken die Leute und das wohl zu recht: Sie haben ja gesehen, wie sie starb! Jesus muss das doch verstanden haben? Es ist, als ob er provozieren wollte mit dem Satz: „Sie schläft nur!" Kein Wunder, dass man über ihn lacht!!! Da schickt Jesus alle hinaus, nur drei seiner Apostel nimmt er mit und die Eltern des Kindes. Was dann folgt, ist atemberaubend: Jesus tritt ans Bett, nimmt die Hand des Mädchens und gibt den wirklich mehr als königlichen Befehl: „Steh auf!" Und das Mädchen stand auf! Als Christ könnte man geneigt sein zu sagen: „Natürlich stand sie auf!" Aber es war alles andere als „natürlich". Aber dann geschieht wieder etwas Merkwürdiges: Die Leute bekommen es mit der Angst zu tun! Wieder wird man sagen können: Die Leute halten die „Gottesnähe" nicht aus, reagieren mit Angst, weil sie spüren, ohne es sich selbst erklären zu können: Hier ist Gott gegenwärtig, Gott ist da, Gott hat gewirkt! Vielleicht ist das überhaupt das Wichtigste für die Christen aller Zeiten: Beim Hören dieses und aller Evangelien zu spüren: Hier ist Gott und zwar in meiner Nähe, in meiner Reichweite! Unglaublich? Zwar stellen die „Kleingläubigen" aller Zeiten, also wir, immer wieder die Frage des Gottesvolkes (bei Meriba): „Ist der Herr in unserer Mitte oder nicht?", aber unser Christ-Werden und Christ-Sein besteht in der Antwort: Ja, Er ist es, Er hat unter uns gewohnt und zieht bis ans Ende der Zeit nicht mehr aus! Er bleibt! Genau das glauben wir Christen, und es ist wirklich kein Wunder, dass viele meinen, eben das nicht glauben zu können! An Gottes Gegenwart ändert dieser Unglaube allerdings nichts: Gott bleibt!

JESUS, Herr über Leben und Tod, wecke die Sünder auf!

Einleitung zu Kapitel 6

Das Evangelium Jesu Christi war nach dem namhaften katholischen Exegeten Rudolf Schnackenburg das Glaubensbuch der Urkirche. Markus schrieb die Worte nach dem Zeugnis des Petrus auf. Es wurde zuzm Katechismus, Grundgesetz und Leitfaden für das christliche Leben inmitten der Welt. Wort und Tat Jesu wollen Glauben und Gehorsam. Jeder Abschnitt ist nicht nur Offenbarung von und über Jesus, sondern auch jeweils Wegweisung zur Nachfolge für die Gemeinde und für den einzelen Jünger damals wie heute. Das 6. Kapitell erzählt von der Aussendung und Rückkehr der Jünger, von der großen Speisung und von Jesu Wandel auf dem Wasser, vom Zulauf der Menschen, aber auch von der Ablehnung und vom tödlichen Prophetenschicksal des Täufers Johannes, das Jesus zuletzt auch treffen wird.

27. Tag: 6,1-6a - Ablehnung Jesu in seiner Heimat

Von dort brach Jesus auf und kam in seine Heimatstadt; seine Jünger begleiteten ihn. Am Sabbat lehrte er in der Synagoge. Und die vielen Menschen, die ihm zuhörten, staunten und sagten: Woher hat er das alles? Was ist das für eine Weisheit, die ihm gegeben ist! Und was sind das für Wunder, die durch ihn geschehen! Ist das nicht der Zimmermann, der Sohn der Maria und der Bruder von Jakobus, Joses, Judas und Simon? Leben nicht seine Schwestern hier unter uns? Und sie nahmen Anstoß an ihm und lehnten ihn ab. Da sagte Jesus zu ihnen: Nirgends hat ein Prophet so wenig Ansehen wie in seiner Heimat, bei seinen Verwandten und in seiner Familie. Und er konnte dort kein Wunder tun; nur einigen Kranken legte er die Hände auf und heilte sie. Und er wunderte sich über ihren Unglauben.

Jesus tritt in der Synagoge von Nazareth auf. Seine Verwandten und Landsleute staunen über seine Rede: „Woher hat er das?". Daß er es von Gott hat, erkennen und glauben sie nicht. Gerade hier und schon am Anfang seiner Verkündigung erfährt Jesus Ablehnung und Gegnerschaft. Man nimmt

Anstoß, wie dies noch öfter im Evangelium heißt. Jesus erfährt die „Unbegreiflichkeit des Unglaubens", das Prophetenschicksal, das ihn schließlich ans Kreuz bringen wird. Er wundert sich darüber. Er steht selbst unter dem Willen des Vaters und an der Grenze der Freiheit des Menschen. „Niemand kommt zu mir, wenn nicht der Vater ihn zieht" (Joh 6,44). Geheimnisvoll sagt Jesus auch: „Der Sohn kann nichts von sich aus tun, sondern nur, wenn er den Vater etwas tun sieht" (Joh 5,19).

Über allem Apostolat, ob angenommen oder abgelehnt, waltet der Wille Gottes und spielt die Freiheit des Menschen mit. Es gibt den Satan, den Widerpart Gottes und Fürsten dieser Welt. Es gibt den Abfall und (Kirchen-)Austritt. Dennoch wird Jesus in der Kirche auch heute Glauben finden und Frucht bringen „dreißigfach, sechzigfach und hundertfach" (Mk 4,8). Das Christentum hängt ab vom Glauben des Einzelnen. Es wurde und ist dennoch Weltkirche, die nun weit über eine Milliarde zählt. Freilich, wieviele davon wirklich Glauben haben, weiß nur Gott. Die Familie von Nazareth versagt sich, aber es beginnt und wächst die neue Familie der glaubenden Brüder und Schwestern.

JESUS, Du bist ganz Mensch und ganz Gott! Ich glaube an Dich!

28. Tag: 6,6b-13
Aussendung der zwölf Jünger

Jesus zog durch die benachbarten Dörfer und lehrte. Er rief die Zwölf zu sich und sandte sie aus, jeweils zwei zusammen. Er gab ihnen die Vollmacht, die unreinen Geister auszutreiben, und er gebot ihnen, außer einem Wanderstab nichts auf den Weg mitzunehmen, kein Brot, keine Vorratstasche, kein Geld im Gürtel, kein zweites Hemd und an den Füßen nur Sandalen. Und er sagte zu ihnen: Bleibt in dem Haus, in dem ihr einkehrt, bis ihr den Ort wieder verlasst. Wenn man euch aber in einem Ort nicht aufnimmt und euch nicht hören will, dann geht weiter und schüttelt den Staub von euren Füßen, zum Zeugnis gegen sie. Die Zwölf machten sich auf den Weg und riefen

die Menschen zur Umkehr auf. Sie trieben viele Dämonen aus und salbten viele Kranke mit Öl und heilten sie.

Nach der negativen Erfahrung von Nazareth wandert Jesus in die benachbarten Dörfer. Und der vom Vater gesandte Sohn sendet nun seinerseits Jünger aus. Die große bis heute und bis zu seiner Wiederkunft andauernde Mission beginnt. Die Nachfolger Jesu werden zu seinen Vorboten. Ohne irdische Bindungen und Mittel, ohne Eigennutz und im Vertrauen auf den, der sie sendet, gehen und verkünden sie. Hilfreich ist dafür die damals allgemein geübte Gastfreundschaft. In Jesu Macht können sie heilen und böse Geister austreiben. Wo man sie nicht aufnimmt, sollen sie weitergehen. Sie sollen keine aufdringlichen Händler sein und lange fruchtlose Diskussionen führen. Wie Jesus selbst werden sie an Grenzen stoßen, aber auch - vom Geist geführt - Grenzen überwinden. Jesus sendet sie zu zweit. Die Verkündigung braucht Zeugenschaft und Gemeinschaft, Beistand und Mut durch Gottes Geist. Der aber wirkt unsichtbar in Schwachheit, braucht oft Zeit. Wir sind zwar Kirche, aber wir machen nicht die Kirche. Es ist die Kirche Christi, die im Zeichen und als Frucht des Kreuzes lebt und besteht. Wir sollen uns nicht von Macht und Zahlen beeindrucken lassen, sondern vielmehr auf die Lebenskraft des Senfkorns und der Gnade schauen und vertrauen.

JESUS, berufe und sende heute viele Arbeiter in die Welt.

29. Tag: 6,14-29
Urteil des Herodes; die Enthauptung des Täufers

Der König Herodes hörte von Jesus; denn sein Name war bekannt geworden und man sagte: Johannes der Täufer ist von den Toten auferstanden; deshalb wirken solche Kräfte in ihm. Andere sagten: Er ist Elija. Wieder andere: Er ist ein Prophet, wie einer von den alten Propheten. Als aber Herodes von ihm hörte, sagte er: Johannes, den ich enthaupten ließ, ist auferstanden. Herodes hatte nämlich Johannes festnehmen und ins Gefängnis werfen lassen. Schuld

daran war Herodias, die Frau seines Bruders Philippus, die er geheiratet hatte. Denn Johannes hatte zu Herodes gesagt: Du hattest nicht das Recht, die Frau deines Bruders zur Frau zu nehmen. Herodias verzieh ihm das nicht und wollte ihn töten lassen. Sie konnte ihren Plan aber nicht durchsetzen, denn Herodes fürchtete sich vor Johannes, weil er wusste, dass dieser ein gerechter und heiliger Mann war. Darum schützte er ihn. Sooft er mit ihm sprach, wurde er unruhig und ratlos, und doch hörte er ihm gern zu. Eines Tages ergab sich für Herodias eine günstige Gelegenheit. An seinem Geburtstag lud Herodes seine Hofbeamten und Offiziere zusammen mit den vornehmsten Bürgern von Galiläa zu einem Festmahl ein. Da kam die Tochter der Herodias und tanzte und sie gefiel dem Herodes und seinen Gästen so sehr, dass der König zu ihr sagte: Wünsch dir, was du willst; ich werde es dir geben. Er schwor ihr sogar: Was du auch von mir verlangst, ich will es dir geben, und wenn es die Hälfte meines Reiches wäre. Sie ging hinaus und fragte ihre Mutter: Was soll ich mir wünschen? Herodias antwortete: Den Kopf des Täufers Johannes.

Da lief das Mädchen zum König hinein und sagte: Ich will, dass du mir sofort auf einer Schale den Kopf des Täufers Johannes bringen lässt. Da wurde der König sehr traurig, aber weil er vor allen Gästen einen Schwur geleistet hatte, wollte er ihren Wunsch nicht ablehnen. Deshalb befahl er einem Scharfrichter, sofort ins Gefängnis zu gehen und den Kopf des Täufers herzubringen. Der Scharfrichter ging und enthauptete Johannes. Dann brachte er den Kopf auf einer Schale, gab ihn dem Mädchen und das Mädchen gab ihn seiner Mutter. Als die Jünger des Johannes das hörten, kamen sie, holten seinen Leichnam und legten ihn in ein Grab.

Von der Aussendung bis zur Rückkehr der Jünger schiebt Markus den Bericht von der Gefangennahme und vom Tod Johannes des Täufers durch die Feigheit des Herodes und die Rache der Herodias ein. Johannes mahnt furchtlos das Recht Gottes ein. Der wankelmütige Herodes ist schon ähnlich

dem Pilatus, der Jesus zwar für schuldlos hält, ihn aber aus politischen Gründen und aus Angst vor dem Geschrei der Menge opfert. Markus erzählt die im Volk (und uns) bekannten Vorgänge, die bei einem Fest des Herodes geschehen sind, vom Tanz der Herodiastochter. Der betörte König schwört und muß dann den schauerlichen Wunsch von Mutter und Tochter ausführen lassen, die den Kopf des Johannes verlangen. Es siegen Gier und Hass und die Macht der Finsternis, wie so oft in der Geschichte und gerade auch der Leidensgeschichte der Christen bis heute. Das Zeugnis des Täufers aber bleibt und wirkt weiter. Seine Jünger bestatten ihn, wie später die Jünger Jesus bestatten werden. Aber der Glanz seiner Auferstehung umleuchtet auch schon das Grab seines Vorläufers, wie es die Ostersequenz besingt: „Der Fürst des Lebens, dem Tode erliegend, herrscht als König und lebt". Im Prophetenschicksal waltet die Macht des lebendigen Gottes.

JESUS, möge dein Vorläufer ein großer Fürbitter bei Gott sein.

30. Tag: 6,30-44
Rückkehr der Jünger; Speisung der Fünftausend

Die Apostel versammelten sich wieder bei Jesus und berichteten ihm alles, was sie getan und gelehrt hatten. Da sagte er zu ihnen: Kommt mit an einen einsamen Ort, wo wir allein sind, und ruht ein wenig aus. Denn sie fanden nicht einmal Zeit zum Essen, so zahlreich waren die Leute, die kamen und gingen. Sie fuhren also mit dem Boot in eine einsame Gegend, um allein zu sein. Aber man sah sie abfahren und viele erfuhren davon; sie liefen zu Fuß aus allen Städten dorthin und kamen noch vor ihnen an. Als er ausstieg und die vielen Menschen sah, hatte er Mitleid mit ihnen; denn sie waren wie Schafe, die keinen Hirten haben. Und er lehrte sie lange. Gegen Abend kamen seine Jünger zu ihm und sagten: Der Ort ist abgelegen und es ist schon spät. Schick sie weg, damit sie in die umliegenden Gehöfte und Dörfer gehen und sich etwas zu essen kaufen können. Er erwiderte: Gebt ihr ihnen zu essen! Sie sagten zu ihm: Sollen wir

weggehen, für zweihundert Denare Brot kaufen und es ihnen geben, damit sie zu essen haben? Er sagte zu ihnen: Wie viele Brote habt ihr? Geht und seht nach! Sie sahen nach und berichteten: Fünf Brote und außerdem zwei Fische. Dann befahl er ihnen, den Leuten zu sagen, sie sollten sich in Gruppen ins grüne Gras setzen. Und sie setzten sich in Gruppen zu hundert und zu fünfzig. Darauf nahm er die fünf Brote und die zwei Fische, blickte zum Himmel auf, sprach den Lobpreis, brach die Brote und gab sie den Jüngern, damit sie sie an die Leute austeilten. Auch die zwei Fische ließ er unter allen verteilen. Und alle aßen und wurden satt. Als die Jünger die Reste der Brote und auch der Fische einsammelten, wurden zwölf Körbe voll. Es waren fünftausend Männer, die von den Broten gegessen hatten.

In Mk 6,30 werden die Jünger erstmals Apostel genannt. Bei ihrer Wahl (3,13f) heißt es nur: „Er setzte Zwölf ein, die er immer bei sich haben und die er aussenden wollte". Der Sendename wird ihr Berufsname, es bleibt ihr Ehrentitel, den später alle Boten, alle Missionare Christi tragen dürfen. Die Apostel also kehren zu Jesus zurück. Er ist ihre Heimat, ihr Halt. Jesus zieht sich mit ihnen an einen einsamen Ort zurück. Sie brauchen Ruhe, Reflexion, Rekreation. Jede Sendung und jeder Einsatz der Kirche und ihrer Mitarbeiter vollzieht sich in der Spannung zwischen Aktivität und Erholung, Auftanken und Erneuerung. Aus der Kontemplation kann Aktion wirksam sein. Die Leute aber suchen Jesus, brauchen einen Hirten. Jesus lehrt, heilt und führt sie. Er ist der gute Hirt, der sein Leben hingibt für die Herde. Zugleich zieht er sich in den Jüngerkreis zurück. Sie werden seine Kerngemeinde und dann selbst zu Hirten durch seinen Geist für die werdende Kirche. Die große Speisung an einem einsamen Ort, die hier in einfachen Worten erzählt wird, stellt einen Höhepunkt des Wirkens Jesu unter dem Volk dar. Bisher wurde keine Zahl angegeben. Sie hat aber darüber hinaus einen tiefen symbolischen Sinn. Die Gnadenzeit der Wüstenwanderung, die im Judentum als ein Vorbild für die messianische Zeit galt, wiederholt sich. Der einsame Ort, die Lagerung im Freien und die Einteilung in Gruppen erinnert daran. Jesus erscheint als der zweite Moses, der das lebenspendende Brot von Gott spendet. So ist Jesus der Messias, wie von Moses angekündigt (vgl. Joh 6,14). Die christliche Ge-

meinde soll sich als das neue Volk Gottes erkennen, an dem sich die alten Verheißungen erfüllen.

Das Wunder geschieht im Verteilen des Brotes durch die Jünger. Jesus lehrt und nährt in göttlicher Macht. Er wird dann im Abendmahl selbst zum Brot des Lebens, ausgeteilt von seinen Jüngern, von den Priestern. Das ganze Heilswirken Gottes ist „Selbstschenkung und Selbstverschwendung Gottes durch Jesus" (J. Ratzinger). Jesu Hingabe ist „für". Die ganze Heilsgeschichte ist Überfluss: Zwölf Körbe bleiben von fünf Broten! Und die kleine Hostie der Eucharistie enthält ihn ganz und schenkt seine Fülle. Die Empfänger begreifen nicht die himmlische Gabe der göttlichen Selbstmitteilung. Begreifen wir sie wirklich? Jede Kommunion übersteigt den Empfang. Sie fließt über, ernährt und erhält die Welt.

JESUS, speise heute die hungernden Seelen und Körper.

31. Tag: 6,45-52
Der Gang Jesu auf dem Wasser

Gleich darauf forderte er seine Jünger auf, ins Boot zu steigen und ans andere Ufer nach Betsaida vorauszufahren. Er selbst wollte inzwischen die Leute nach Hause schicken. Nachdem er sich von ihnen verabschiedet hatte, ging er auf einen Berg, um zu beten. Spät am Abend war das Boot mitten auf dem See, er aber war allein an Land. Und er sah, wie sie sich beim Rudern abmühten, denn sie hatten Gegenwind. In der vierten Nachtwache ging er auf dem See zu ihnen hin, wollte aber an ihnen vorübergehen. Als sie ihn über den See gehen sahen, meinten sie, es sei ein Gespenst, und schrien auf. Alle sahen ihn und erschraken. Doch er begann mit ihnen zu reden und sagte: Habt Vertrauen, ich bin es; fürchtet euch nicht! Dann stieg er zu ihnen ins Boot und der Wind legte sich. Sie aber waren bestürzt und außer sich. Denn sie waren nicht zur Einsicht gekommen, als das mit den Broten geschah; ihr Herz war verstockt.

Das Wort vom Wandel bedeutet nicht nur das Gehen Jesu auf dem Wasser. Es ist eine Theophanie (Epiphanie), eine Gottes-Erscheinung, wie die Bibel sie öfters schildert wie z.B. bei Moses und Elias. Jesus steigt auf den Berg, betet, begegnet Gott dem Vater. Er sieht von oben die Jünger im Boot, im Sturm, in Gefahr. Er kommt auf dem See daher, er gehtvorüber. Dieser Vorübergang will bewußt an das Pascha erinnern, den Vorübergang Gottes in der Nacht der Befreiung seines Volkes und der Speisung mit dem Osterlamm, dem Durchgang durch das Meer. Wasser galt auch als Sinnbild für Untergang und Tod. Jesus ist nicht nur Speise für das Leben. Er wandelt auf dem Wasser, er überwindet den Tod, er rettet aus Sturm und Gefahr. Er sagt den verängstigten Jüngern: „ICH BIN ES!" Gott ist der „ICH BIN - JAHWE". Er ist bei euch, für euch da. Darum habt keine Angst! Fürchtet euch nicht! Über die anfängliche Gespensterangst hinaus überkommt die Jünger das Entsetzen über die göttliche Erscheinung, der Schauder des Heiligen. Das eigentlicheWesen Jesu leuchtet auf und verwirrt sie. „Sofort redete er sie an" (6,50). Die vertraute Stimme nimmt ihnen die Angst, aber das Erlebnis bleibt. Freilich werden sie erst nach der Auferstehung in etwa begreifen und an ihn glauben, wenn sie der Geist in die volle Wahrheit eingeführt hat (Joh 16,13). Wir hören und lesen und erkennen trotzdem noch nicht recht. Aber es genügt sein Zuruf: „Ich bin es!" Das gibt auch in der Nacht des Lebens und im Wellengang der Angst Mut: „Fürchtet euch nicht!".

JESUS, ich habe Vertrauen zu dir und will keine Angst haben.

32. Tag: 6,53-56
Heilungen in Gennesaret

Sie fuhren auf das Ufer zu, kamen nach Gennesaret und legten dort an. Als sie aus dem Boot stiegen, erkannte man ihn sofort. Die Menschen eilten durch die ganze Gegend und brachten die Kranken auf Tragbahren zu ihm, sobald sie hörten, wo er war. Und immer, wenn er in ein Dorf oder eine Stadt oder zu einem Gehöft kam, trug man die Kranken auf die Straße hinaus und bat ihn, er möge sie

wenigstens den Saum seines Gewandes berühren lassen. Und alle, die ihn berührten, wurden geheilt.

Das 6. Kapitel bei Markus schließt mit einer Art von Sammelbericht über die Ankunft am Ufer und mit Krankenheilungen in Gennesaret und weiteren Orten. Die Leute eilen herbei und bringen Kranke mit. Jesus wandert weiter durch Dörfer, Städte und Gehöfte. Überall macht er Kranke gesund, wenn sie ihn berühren. Gewiß war der Glaube der meisten unvollkommen, nur Wunder und Hilfe erhoffend, ohne Jesu wahres Wesen selbst zu erfassen und an ihn zu glauben. Aber der „göttliche Überfluß" erreichte und heilte sie. Er gab so die Chance, vielleicht später zum vollen Glauben an ihn zu finden. Wir dürfen auch für uns und unsere Mitmenschen, Mitchristen, hoffen, daß trotz manches Irrglaubens und Halbglaubens der göttliche Überfluß seinen Geist in der Kirche und ihre Verkündigung und durch die Sakramente auch heute wirkt und heilt. Papst Benedikt XVI. sagte einmal: „Es gibt so viele Wege zu Gott als es Menschen gibt".

JESUS, laß auch mich Dich berühren im Glauben, in Deinem Wort, in der Eucharistie, im Armen, im Kranken, in jedem Nächsten.

33. Tag: 7,1-23
Reinheit und Unreinheit

Die Pharisäer und einige Schriftgelehrte, die aus Jerusalem gekommen waren, hielten sich bei Jesus auf. Sie sahen, dass einige seiner Jünger ihr Brot mit unreinen, das heißt mit ungewaschenen Händen aßen. Die Pharisäer essen nämlich wie alle Juden nur, wenn sie vorher mit einer Hand voll Wasser die Hände gewaschen haben, wie es die Überlieferung der Alten vorschreibt. Auch wenn sie vom Markt kommen, essen sie nicht, ohne sich vorher zu waschen. Noch viele andere überlieferte Vorschriften halten sie ein, wie das Abspülen von Bechern, Krügen und Kesseln. Die Pharisäer und die Schriftgelehrten fragten ihn also: Warum halten sich deine Jünger

nicht an die Überlieferung der Alten, sondern essen ihr Brot mit unreinen Händen? Er antwortete ihnen: Der Prophet Jesaja hatte Recht mit dem, was er über euch Heuchler sagte:

Dieses Volk ehrt mich mit den Lippen,
sein Herz aber ist weit weg von mir.
Es ist sinnlos, wie sie mich verehren;
was sie lehren, sind Satzungen von Menschen.

Ihr gebt Gottes Gebot preis und haltet euch an die Überlieferung der Menschen. Und weiter sagte Jesus: Sehr geschickt setzt ihr Gottes Gebot außer Kraft und haltet euch an eure eigene Überlieferung. Mose hat zum Beispiel gesagt: Ehre deinen Vater und deine Mutter!, und: Wer Vater oder Mutter verflucht, soll mit dem Tod bestraft werden. Ihr aber lehrt: Es ist erlaubt, dass einer zu seinem Vater oder seiner Mutter sagt: Was ich dir schulde, ist Korbán, das heißt: eine Opfergabe. Damit hindert ihr ihn daran, noch etwas für Vater oder Mutter zu tun. So setzt ihr durch eure eigene Überlieferung Gottes Wort außer Kraft. Und ähnlich handelt ihr in vielen Fällen. Dann rief er die Leute wieder zu sich und sagte: Hört mir alle zu und begreift, was ich sage: Nichts, was von außen in den Menschen hineinkommt, kann ihn unrein machen, sondern was aus dem Menschen herauskommt, das macht ihn unrein. Er verließ die Menge und ging in ein Haus. Da fragten ihn seine Jünger nach dem Sinn dieses rätselhaften Wortes. Er antwortete ihnen: Begreift auch ihr nicht? Seht ihr nicht ein, dass das, was von außen in den Menschen hineinkommt, ihn nicht unrein machen kann? Denn es gelangt ja nicht in sein Herz, sondern in den Magen und wird wieder ausgeschieden. Damit erklärte Jesus alle Speisen für rein. Weiter sagte er: Was aus dem Menschen herauskommt, das macht ihn unrein. Denn von innen, aus dem Herzen der Menschen, kommen die bösen Gedanken, Unzucht, Diebstahl, Mord, Ehebruch, Habgier, Bosheit, Hinterlist, Ausschweifung, Neid, Verleumdung, Hochmut und Unvernunft. All dieses Böse kommt von innen und macht den Menschen unrein.

Der Evangelist erklärt den Nichtjuden, für die er schreibt, die jüdischen Gesetze und religiösen Gebräuche. Im Laufe der Jahrhunderte hatten sich im Judentum viele Gebräuche und Gesetze herausgebildet, die zur festen Frömmigkeitstradition wurden. In deren Befolgung taten sich vor allen die Pharisäer hervor; die Schriftgelehrten achteten besonders auf deren Einhaltung. Die Reinheitsvorschriften betrafen die Sexualität, Körperausscheidungen, bestimmte Tiere, Krankheiten (z.B. Aussatz) und Leichen. Wer damit in Berührung kam, machte sich unrein und war für das Gebet und für den Gottesdienst unwürdig. Schon die Propheten kritisierten solche nur auf äußere Formen achtende Frömmigkeit. Der vorwurfsvollen Frage der Pharisäer und Schriftgelehrten, die beobachtet hatten, wie die Jünger sich nicht an die Reinheitsvorschriften hielten, antwortet Jesus mit einem Wort des Propheten Jesaja und wirft ihnen vor, sie würden um ihrer Gesetzesvorschriftenn willen die Gebote Gottes außer acht lassen. Am Beispiel des Korbangelübdes weist er ihnen das nach (vgl. Verse 10-13). Nicht von außen wird der Mensch unrein, d.h. für den Gottesdienst unwürdig, sondern durch das, was aus dem unlauteren, bösen Herzen kommt. Die innere Bosheit macht den Menschen vor Gott unrein. Äußere Frömmigkeitsübungen ohne die rechte innere Einstellung sind vor Gott wertlos. Zum Beispiel zur heiligen Kommunion zu gehen, aber im Herzen Groll und Feindschaft hegen oder gar mit schweren ungebeichteten Sünden auf dem Gewissen den Leib des Herrn zu empfangen, nannten unsere Vorfahren „Gottesraub". Der Apostel Paulus warnt eindringlich davor (1 Kor 11,17-34).

JESUS, hilf mir mein Herz zu reinigen und von Herzen zu glauben, zu hoffen und zu lieben.

34. Tag: 7,24-30
Erhörung der Bitte einer heidnischen Frau

Jesus brach auf und zog von dort in das Gebiet von Tyrus. Er ging in ein Haus, wollte aber, dass niemand davon erfuhr; doch es konnte nicht verborgen bleiben. Eine Frau, deren Tochter von einem un-

reinen Geist besessen war, hörte von ihm; sie kam sogleich herbei und fiel ihm zu Füßen. Die Frau, von Geburt Syrophönizierin, war eine Heidin. Sie bat ihn, aus ihrer Tochter den Dämon auszutreiben. Da sagte er zu ihr: Lasst zuerst die Kinder satt werden; denn es ist nicht recht, das Brot den Kindern wegzunehmen und den Hunden vorzuwerfen. Sie erwiderte ihm: Ja, du hast recht, Herr! Aber auch für die Hunde unter dem Tisch fällt etwas von dem Brot ab, das die Kinder essen. Er antwortete ihr: Weil du das gesagt hast, sage ich dir: Geh nach Hause, der Dämon hat deine Tochter verlassen. Und als sie nach Hause kam, fand sie das Kind auf dem Bett liegen und sah, dass der Dämon es verlassen hatte.

Jesus hat sich in das nördlich von Galiläa gelegene heidnische Gebiet zurückgezogen. Er will inkognito bleiben, doch eine Syrophönizierin, also eine heidnische Frau, ist trotzdem dahinter gekommen, wer er ist. Sie muss von seinen Wundertaten und Dämonenaustreibungen erfahren haben. Darum bittet sie Jesus, ihre Tochter von dämonischer Besessenheit zu befreien. Jesus lehnt zunächst ab. Mit den Kindern, die vor anderen satt werden sollen, sind die Menschen des auserwählten Volkes gemeint. Sie haben den Vorzug vor den Heiden - im Volksjargon von den Juden „Hunde" genannt. Doch die Frau läßt sich nicht abweisen. Sie greift den Ausdruck auf und argumentiert, daß auch für die Hunde noch etwas abfalle von dem, was unter den Tisch geworfen werde. Der Glaube und das Vertrauen dieser Nichtjüdin ist so umwerfend, daß Jesus ihre Bitte erfüllt. Seine Macht über die Dämonen wirkt selbst aus der Ferne.

JESUS, du hast Macht über das Böse, erbarme dich unser.

35. Tag: 7,31-37
Heilung eines Taubstummen

Jesus verließ das Gebiet von Tyrus wieder und kam über Sidon an den See von Galiläa, mitten in das Gebiet der Dekapolis. Da brachte

man einen Taubstummen zu Jesus und bat ihn, er möge ihn berühren. Er nahm ihn beiseite, von der Menge weg, legte ihm die Finger in die Ohren und berührte dann die Zunge des Mannes mit Speichel; danach blickte er zum Himmel auf, seufzte und sagte zu dem Taubstummen: Effata!, das heißt: Öffne dich! Sogleich öffneten sich seine Ohren, seine Zunge wurde von ihrer Fessel befreit und er konnte richtig reden. Jesus verbot ihnen, jemand davon zu erzählen. Doch je mehr er es ihnen verbot, desto mehr machten sie es bekannt. Außer sich vor Staunen sagten sie: Er hat alles gut gemacht; er macht, dass die Tauben hören und die Stummen sprechen.

Die Dekapolis, das Zehnstädtegebiet, liegt südöstlich vom Ausfluss des Jordan aus dem See Genesareth. Die Bevölkerung war heidnisch. Doch auch dort muß sich die Wundertätigkeit Jesu herumgesprochen haben. So bringen die Leute einen Taubstummen zu Jesus, damit er ihn heile. Um sich dem Gehörlosen verständlich zu machen, steckt Jesus die Finger in seine Ohren, zum Zeichen, daß er seine Ohren öffnet, damit er hören kann. Dann berührt Jesus dessen Zunge mit Speichel, der damals als Heilungsmittel galt, um ihm zu verstehen zu geben, daß er von seiner Stummheit geheilt werden solle. Jesus seufzt wegen der unter den Folgen der Sünde leidenden Kreatur (vgl. Röm 8,18-23). Indem er zum Himmel aufblickt, weist er den Taubstummen darauf hin, woher er Hilfe zu erwarten habe. So soll im Kranken Glaube und Hoffnung geweckt werden. Manche Bibel-Ausleger meinen, Jesus habe mit dieser umständlich erscheinenden Heilungsgeste auch seinen Jüngern etwas vermitteln wollen. Nämlich, daß sie später bei ihrer Verkündigung des Evangeliums Menschen begegnen würden, die taub sein sollten für Gottes Wort und blind seien sollten für Gottes Wirken. Die Jünger sollen daraus lernen, sie mit ihrer Missionstätigkeit nicht nur auf offene Ohren, sondern auch auf verschlossene Herzen stoßen würden. Aber auch diesen Menschen gegenüber dürften sie nicht die Mühe scheuen, ihnen die Botschaft des Evangeliums zu vermitteln. Mit dem Schweigegebot will Jesus einer Sensationsmache vorbeugen. Er ist gekommen, um die Menschenherzen für das Reich Gottes aufzuschließen. Es geht ihm um die Gottesherrschaft, nicht um Sensationen. Das ist seine Sendung. Darum geht es

auch heute noch in der Kirche. Die Leute damals konnten noch staunen über das, was Gott wirkt. Statt alles Religiöse kritisch zu hinterfragen, sollten auch wir heute wieder das Staunen über Gott lernen.

JESUS, öffne auch unser Herz für Gottes Liebe und Heil.

36. Tag: 8,1-10
Speisung der Viertausend

In jenen Tagen waren wieder einmal viele Menschen um Jesus versammelt. Da sie nichts zu essen hatten, rief er die Jünger zu sich und sagte: Ich habe Mitleid mit diesen Menschen; sie sind schon drei Tage bei mir und haben nichts mehr zu essen. Wenn ich sie hungrig nach Hause schicke, werden sie unterwegs zusammenbrechen; denn einige von ihnen sind von weither gekommen. Seine Jünger antworteten ihm: Woher soll man in dieser unbewohnten Gegend Brot bekommen, um sie alle satt zu machen? Er fragte sie: Wie viele Brote habt ihr? Sie antworteten: Sieben. Da forderte er die Leute auf, sich auf den Boden zu setzen. Dann nahm er die sieben Brote, sprach das Dankgebet, brach die Brote und gab sie seinen Jüngern zum Verteilen; und die Jünger teilten sie an die Leute aus. Sie hatten auch noch ein paar Fische bei sich. Jesus segnete sie und ließ auch sie austeilen. Die Leute aßen und wurden satt. Dann sammelte man die übrig gebliebenen Brotstücke ein, sieben Körbe voll. Es waren etwa viertausend Menschen beisammen. Danach schickte er sie nach Hause. Gleich darauf stieg er mit seinen Jüngern ins Boot und fuhr in das Gebiet von Dalmanuta.

Das gesamte achte Kapitel ist das letzte aus dem großen Zyklus der Taten und Worte Jesu. Es folgt nach dem 4. Kapitel, den Gleichnissen vom Reich Gottes. Die Speisung der Viertausend setzt voraus, dass Jesus oft Massen von Menschen um sich gesammelt hat, wenn es hier heißt „wieder einmal viele Menschen". Von Jesus ging und geht auch heute eine Faszination aus, die

Menschen sammelt. Drei Tage sind die Menschen schon bei Jesus, so erfahren wir in V 2. Jesus zeigt den Jüngern die Motivation seines Handelns: „Ich habe Mitleid mit den Menschen". Er weiht sie in sein Erbarmen ein. Die Jünger wissen nicht , was sie tun sollen. Wie wäre es uns ergangen in einer solchen Situation? Jesus braucht nicht, daß wir große Wunder vollbringen. Er braucht nur das wenige, das wir haben. Daraus schafft er das große Wunde der Wandlung. Nun beauftragt er jedoch die Jünger, die Gaben an die Menschen auszuteilen. Jesus braucht uns in seinem Reich, als Glaubende, als Hoffende und als Liebende, als Menschen, die ihm vieles zutrauen. Er braucht uns als solche, die auch dort noch Lösungen sehen, wo andere schon längst resignieren und als Menschen der tätigen Liebe zu den Menschen. Er braucht uns als solche, die zupacken können, wenn es um das Verteilen der Gaben Gottes geht. Wo wir mit Gott in Seinem Willen sind, dort ist Fülle: Sieben Körbe bleiben über. Diese Bibelstelle ist zugleich auch schon eine erste eucharistische Katechese: Brot wird gewandelt, die Menschen werden satt – Gott schenkt in Fülle.

JESUS, danke für deine Wunder! Vermehre auch heute die „Brote" - deine Gnade für mich und alle Menschen.

37. Tag: 8,11-21
Verweigerung eines Zeichens; Warnung vor den Pharisäern und vor Herodes

Da kamen die Pharisäer und begannen ein Streitgespräch mit ihm; sie forderten von ihm ein Zeichen vom Himmel, um ihn auf die Probe zu stellen. Da seufzte er tief auf und sagte: Was fordert diese Generation ein Zeichen? Amen, das sage ich euch: Dieser Generation wird niemals ein Zeichen gegeben werden. Und er verließ sie, stieg in das Boot und fuhr ans andere Ufer. Die Jünger hatten vergessen, bei der Abfahrt Brote mitzunehmen; nur ein einziges hatten sie dabei. Und er warnte sie: Gebt Acht, hütet euch vor dem Sauerteig der Pharisäer und dem Sauerteig des Herodes! Sie aber machten sich Gedanken, weil sie kein Brot bei sich hatten. Als er

das merkte, sagte er zu ihnen: Was macht ihr euch darüber Gedanken, dass ihr kein Brot habt? Begreift und versteht ihr immer noch nicht? Ist denn euer Herz verstockt? Habt ihr denn keine Augen, um zu sehen, und keine Ohren, um zu hören? Erinnert ihr euch nicht: Als ich die fünf Brote für die Fünftausend brach, wie viele Körbe voll Brotstücke habt ihr da aufgesammelt? Sie antworteten ihm: Zwölf. Und als ich die sieben Brote für die Viertausend brach, wie viele Körbe voll habt ihr da aufgesammelt? Sie antworteten: Sieben. Da sagte er zu ihnen: Versteht ihr immer noch nicht?

Pharisäer und Schriftgelehrte stellen sich Jesus in den Weg und wollen ihn zum Zeichen des wahren Propheten auffordern. Gleich einem Gottesgericht soll Gott selbst auf der Stelle beweisen, dass dieser da von Gott komme und Gott zu ihm stehe. Hört Gott auf ihn nicht, so ist Jesus als falscher Prophet entlarvt. Sie trauen Jesus ein solches Zeichen nicht zu und deshalb fordern sie ein solches Zeichen. Zugleich zeigt sich hier aber, dass das Handeln Jesu nicht ohne Wirkung blieb und zu einer solchen Forderung von Seiten der religiösen Führer provozierte. Der Sauerteig der Pharisäer ist wohl genau ihre ablehnende und damit glaubenslose Haltung in Bezug auf die augenscheinlichen Wunder, die unter ihnen passieren. Es scheint, dass die Jünger auch schon davon angesteckt sind, wenn sie bei der Bootsfahrt nichts von den gerade geschehenen Ereignissen kapieren und sich Sorgen um das einzige mitgenommene Brot machen. Auch wir sind aufgerufen, den großen Glauben mitzubringen und die Bereitschaft, Wunder an uns geschehen zu lassen, weil Gott auch heute unter uns wirken möchte.

JESUS, mein Herz ist manchmal vestockt. Berühre mich!

38. Tag: 8,22-26
Die Heilung eines Blinden

Sie kamen nach Betsaida. Da brachte man einen Blinden zu Jesus und bat ihn, er möge ihn berühren. Er nahm den Blinden bei der Hand, führte ihn vor das Dorf hinaus, bestrich seine Augen mit Speichel, legte ihm die Hände auf und fragte ihn: Siehst du etwas? Der Mann blickte auf und sagte: Ich sehe Menschen; denn ich sehe etwas, das wie Bäume aussieht und umhergeht. Da legte er ihm nochmals die Hände auf die Augen; nun sah der Mann deutlich. Er war geheilt und konnte alles ganz genau sehen. Jesus schickte ihn nach Hause und sagte: Geh aber nicht in das Dorf hinein!

Die Heilung des Blinden von Betsaida ist eine interessante Erzählung, da es eine Heilung in Etappen ist. Nicht immer heilt Gott sofort alles, auch bei Heilungswundern heute ist es oft der Fall, dass eine Heilung allmählich geschieht, Stück für Stück eine Schwellung zurückgeht oder ein erkranktes Körperteil genest. Weiters lesen wir, dass Jesus ein Heilmittel verwendet: Er bestreicht die Augen mit Speichel. Gleich einem Arzt fragt er nach dem Erfolg der Heilung und legt noch einmal eine Handauflegung nach, als der Erfolg nur teilweise da ist. Dranbleiben ist hier die Devise. Nicht Aufgeben, auch wenn Manches nur bruchstückhaft gelingt. Es ist wohl auch der Glaube Jesu und der Glaube des Blinden, die hier zusammenkommen. Vom Blinden heißt es nach der Heilung – gleichsam als Bestätigung: Er „konnte alles ganz genau sehen!" Was heißt das für einen Menschen, der bisher in der Dunkelheit gelebt hat. Jesus erweist sich hier im wahrsten Sinn als Heiland.

JESUS, öffne die blinden Augen und die blinden Herzen.

AUF DEM WEG NACH JERUSALEM

39. Tag: 8,27-33

Messiasbekenntnis des Petrus;
Erste Ankündigung von Leiden und Auferstehung

Jesus ging mit seinen Jüngern in die Dörfer bei Cäsarea Philippi. Unterwegs fragte er die Jünger: Für wen halten mich die Menschen? Sie sagten zu ihm: Einige für Johannes den Täufer, andere für Elija, wieder andere für sonst einen von den Propheten. Da fragte er sie: Ihr aber, für wen haltet ihr mich? Simon Petrus antwortete ihm: Du bist der Messias! Doch er verbot ihnen, mit jemand über ihn zu sprechen. Dann begann er, sie darüber zu belehren, der Menschensohn müsse vieles erleiden und von den Ältesten, den Hohenpriestern und den Schriftgelehrten verworfen werden; er werde getötet, aber nach drei Tagen werde er auferstehen. Und er redete ganz offen darüber. Da nahm ihn Petrus beiseite und machte ihm Vorwürfe. Jesus wandte sich um, sah seine Jünger an und wies Petrus mit den Worten zurecht: Weg mit dir, Satan, geh mir aus den Augen! Denn du hast nicht das im Sinn, was Gott will, sondern was die Menschen wollen.

Die Szene wechselt nun. Nach den Worten und Taten Jesu vom vierten bis zum achten Kapitel beginnt nun in den folgenden zwei Kapiteln der lange Weg nach Jerusalem. Es folgen mit wieder zwei Kapiteln die letzten Tage in Jerusalem, die im Leiden, Sterben und Auferstehen des Herrn ihre Vollendung finden. Die Frage nach der Identität Jesu:„Für wen halte mich die Leute?" – mit anderen Worten „Was sagt man denn so, wer ich bin?" ist schon eine Klärung der Frage, die in den Jüngern Einiges in Gang setzt. Eng wird es dann mit der persönlichen Frage an die Jünger: „Ihr aber, für wen haltet ihr mich?" Jetzt wird es richtig persönlich. Jetzt ist ihr Bekenntnis gefragt. Es gab wohl ein längeres intensives und betretenes Schweigen, in dem Petrus, immer wieder der Sprecher der Jüngergruppe, die Initiative ergreift

und offen sein Bekenntnis ausspricht. Es stellt sich die Frage: Was ist mein Bekenntnis? Wer ist Jesus für mich ganz persönlich? In den nächsten Worten korrigiert Jesus persönlich das Messiasverständnis der Menschen: der Messias nicht ein gewaltiger Triumphator oder Zerschlager der Feinde, auch nicht als der Priester, der die endgültige Ordnung wieder herstellt, an die sich alle halten, sondern er ist der leidende Gottesknecht, wie wir ihn aus Jesaja 53 kennen lernen: „Zu unserem Heil lag die Strafe auf ihm, durch seine Wunden sind wir geheilt." Wenn Petrus hier Jesus davon abbringen will, im Leiden seine unendliche Liebe für die Menschheit zu erweisen, dann spricht der Verführer aus ihm. Wörtlich sagt Jesus „Hinter mich, Durcheinanderwerfer!"

JESUS, ich will mich nach Gottes Willen ausstrecken.

40. Tag: 8,34-9,1
Nachfolge und Selbstverleugnung

Er rief die Volksmenge und seine Jünger zu sich und sagte: Wer mein Jünger sein will, der verleugne sich selbst, nehme sein Kreuz auf sich und folge mir nach. Denn wer sein Leben retten will, wird es verlieren; wer aber sein Leben um meinetwillen und um des Evangeliums willen verliert, wird es retten. Was nützt es einem Menschen, wenn er die ganze Welt gewinnt, dabei aber sein Leben einbüßt? Um welchen Preis könnte ein Mensch sein Leben zurückkaufen? Denn wer sich vor dieser treulosen und sündigen Generation meiner und meiner Worte schämt, dessen wird sich auch der Menschensohn schämen, wenn er mit den heiligen Engeln in der Hoheit seines Vaters kommt. Und er sagte zu ihnen: Amen, ich sage euch: Von denen, die hier stehen, werden einige den Tod nicht erleiden, bis sie gesehen haben, dass das Reich Gottes in (seiner ganzen) Macht gekommen ist.

Der Jünger steht nicht über seinem Meister. Auch wir sind aufgerufen, unser Kreuz täglich auf uns zu nehmen und so dem Herrn nachzufolgen.

Was ist dieses Kreuz? All das, was mein Leben durchkreuzt, was mir in die Quere kommt. Ich soll es nicht hinterher schleppen, sondern schultern - auf mich nehmen, und ihm so auch die Bedeutungsschwere nehmen. Aber ebenso sind es wohl auch meine Ungenügsamkeit, meine Schwächen und Fehler, die mich nerven. Auch die Menschen, die mir begegnen und in den mir letztlich Gott selbst begegnen will und mich in der Liebe wachsen sehen will, können mein Kreuz sein. Wenn wir hier die Begegnung suchen, erleben wir oft, daß wir das Leben gewinnen, dass auch aus Schwächen Stärken werden können, weil sie in der Liebe gewandelt sind. Das Sichausstrecken nach den weltlichen Gütern, nach all dem, was „man so unbedingt braucht", bringt uns selten die wirkliche tiefe Erfüllung. Die ist dort zu finden, wo wir uns für Menschen oder für die Durchführung einer Idee einsetzen, die vom Heiligen Geist kommt. Dort wo wir wahrhaft geliebt haben, dort finden wir das Bleibende. In Jesus, durch Jesus und mit Jesus geht das alles viel leichter. So bekenneN wir uns zu ihm, der unser Weinstock sein will. Bleiben wir wie die Rebzweige mit ihm verbunden.

JESUS, ich will mein Leben mutig für dich einsetzen.

41. Tag: 9,2-10
Die Verklärung Jesu

Sechs Tage danach nahm Jesus Petrus, Jakobus und Johannes beiseite und führte sie auf einen hohen Berg, aber nur sie allein. Und er wurde vor ihren Augen verwandelt; seine Kleider wurden strahlend weiß, so weiß, wie sie auf Erden kein Bleicher machen kann. Da erschien vor ihren Augen Elija und mit ihm Mose und sie redeten mit Jesus. Petrus sagte zu Jesus: Rabbi, es ist gut, dass wir hier sind. Wir wollen drei Hütten bauen, eine für dich, eine für Mose und eine für Elija. Er wusste nämlich nicht, was er sagen sollte; denn sie waren vor Furcht ganz benommen. Da kam eine Wolke und warf ihren Schatten auf sie, und aus der Wolke rief eine Stimme: Das ist mein geliebter Sohn; auf ihn sollt ihr hören. Als sie dann um sich blickten, sahen sie auf einmal niemand mehr bei sich außer

Jesus. Während sie den Berg hinabstiegen, verbot er ihnen, irgendjemand zu erzählen, was sie gesehen hatten, bis der Menschensohn von den Toten auferstanden sei. Dieses Wort beschäftigte sie und sie fragten einander, was das sei: von den Toten auferstehen.

Für das Verständnis des Textes von der Verklärung Jesu ist die Beachtung der alttestamentlichen Sprache und Geschichte sehr wichtig. Einige formende Elemente sind der Gotteserscheinung auf dem Sinai (Ex 24) entnommen (Wolke, Berg, Erstrahlen...). Erzählerisch distanzieren die „6 Tage danach" das Geschehen vom vorhergehenden Abschnitt, aber sie zeigen verdeckt auch schon dessen Bedeutung an: die Vorbereitung auf ein göttliches Geschehen (6 Wochentage vor dem Sabbat, 6-tägiges Fasten vor dem Versöhnungstag, Mose auf dem Sinai - Ex 24,16). - Der „siebte Tag" wird zum Tag der Offenbarung.

Jesus nimmt drei Vertraute aus seinem Jüngerkreis mit „auf einen hohen Berg". Der „Berg" lässt an den Sinai (Horeb) und Sion als Stätte der Gegenwart Gottes denken. Erst seit dem 4.Jhdt.n.Chr. wird der Tabor (nahe bei Nazareth), der von alters her als heiliger Berg galt, als Berg der Verklärung genannt. Dass Jesus nur diese drei Jünger (vgl.: 5,37;14,33) mitnimmt, dient (wie ähnlich auch in Ex 24) der Hervorhebung dieses außerordentlichen Geschehens, denn sie werden Zeugen der Macht und Herrlichkeit, die Jesus von Gott her zuteil wird, weil er den Weg der Verleugnung, den Weg in den Tod nicht scheut. Markus ist auffallend sparsam und zurückhaltend in der Beschreibung des Ereignisses. Das Geschehen wird als Verwandlung bezeichnet (ein apokalyptisches Motiv). Als äußeres Zeichen wird genannt, dass „seine Kleider strahlend weiß" wurden. Dies besagt das Aufscheinen der „Herrlichkeit", in der er am Ende kommen wird und die ihm jetzt schon von Gott her eigen ist.

"Da erschien vor ihren Augen Elija und mit ihm Mose....." – Vorausgesetzt ist hier die Entrückung des Elija in 2 Kön 2,9-12 und die des Mose nach jüdischem Volksglauben. Diese ermöglicht ihr jetziges Erscheinen. Elija, dessen Wiederkunft im Zusammenhang mit den Endereignissen erwartet wur-

de, zeigt durch sein Erscheinen, dass Jesus entscheidend mit diesen Ereignissen zu tun hat. Mose aber gibt durch sein Erscheinen Zeugnis dafür, dass in Jesus der verheißene Prophet nach seinem Vorbild (vgl. Dtn 18,15) erschienen ist.

Petrus möchte das Erlebte schon zu einer bleibenden Seligkeit machen und zeigt damit den gleichen Unverstand wie in 8,32f. Die Errichtung von Hütten erinnert ursprünglich wohl an das Zelt Gottes unter den Menschen, das als endzeitliches Motiv auch das Laubhüttenfest bestimmte. (zu „Hütten" vgl. auch Offb 21,3f.;Lk 16,9). Die „Wolke" ist wie in Ex 24,18; 40,34; 1Kön 8,10 Zeichen der Gegenwart Gottes. Die „Stimme" Gottes, die in Mk 1,11 Jesus allein vernommen hatte, richtet sich jetzt an die Jünger. Ihnen wird gesagt, wer Jesus ist: „mein geliebter Sohn", und was daraus für sie folgt: - „auf ihn sollt ihr hören". (Zum „Hören auf Ihn" vgl. die Anspielung auf: Ps.2,7; Jes 42,1; Dtn. 18,15).

Die Bezeichnung als „Sohn" präzisiert den Messiastitel von Mk 8,29. Mit der Anspielung auf Ps.2,7 wird die einzigartig gelebte Beziehung Jesu zu Gott als seinem Vater (14,36) ins Licht gerückt. Sie durchdringt sein ganzes Wirken und begründet seine Autorität für die Jünger, die mit ihren so anders gearteten Vorstellungen und Träumereien nun mit Nachdruck auf ihn und sein Wort verwiesen werden.

Die Erzählung endet mit einer wichtigen Bemerkung über die Jünger. –Als „Ernüchterung" wird festgestellt, dass von dem, was sie gesehen hatten, nichts geblieben ist - außer Jesus. -Wirkliche Orientierung, auf die sie angewiesen sind, soll ihnen einzig das Hören auf Jesu Wort schenken.

Mit V.9f. beginnt ein Stück Nachreflexion. Die Jünger sollen noch mit niemandem über das Erlebte sprechen. Seine wahre Würde soll nicht preisgegeben werden, ehe er vom Tod erstanden ist (- vielleicht, um keine kurzschlüssigen Hoffnungen zu nähren; vgl. dazu auch Mk 1,34). Dann wird den Jüngern jenes geistgewirkte Verstehen gegeben werden, das ihn für sie auch als den „Menschensohn", der „vieles leiden muss" (8,31) verkündbar macht.

„Welche Freude könnte größer sein als die, Christus in seiner Herrlichkeit zu betrachten? ... Petrus, Johannes und Jakobus durften beim Ereignis der Verklärung des Herrn auf dem Berg Tabor einen Vorgeschmack der Freude dieser Begegnung in der beseligenden Anschauung Gottes im Himmel empfinden. 'Wir waren Augenzeugen seiner Macht und Größe', wird Petrus sagen (2 Petr 1,16), und Johannes wird seinerseits bestätigen, ‚was wir mit unseren Augen gesehen, was wir geschaut und was unsere Hände angefasst haben , das Wort des Lebens' (vgl. 1 Jo 1,1). Die christliche Freude ist die Freude der Verklärung, und diese ist ihrerseits der Vorgeschmack der unaussprechlichen und ewigen Freude. Das Licht, das ihn umflutet, ist jetzt und künftig auch unser Anteil an seiner Hinterlassenschaft und Herrlichkeit." (Papst Johannes Paul II., aus der Predigt am 6.8. 1989 in Castel Gandolfo).

JESUS, schenke uns die Gnade, einen Strahl deiner göttlichen Herrlichkeit und Würde zu schauen.

42. Tag: 9,11-13
Wiederkunft des Elija

Da fragten sie ihn: Warum sagen die Schriftgelehrten, zuerst müsse Elija kommen? Er antwortete: Ja, Elija kommt zuerst und stellt alles wieder her. Aber warum heißt es dann vom Menschensohn in der Schrift, er werde viel leiden müssen und verachtet werden? Ich sage euch: Elija ist schon gekommen, doch sie haben mit ihm gemacht, was sie wollten, wie es in der Schrift steht.

Veranlasst durch das Erscheinen des Elija in V 4, kommt es beim Abstieg vom Berg zu einer weiteren Frage: Wie steht es mit der Wiederkunft des Elija? (Elija wird die endzeitliche Wiederherstellung von „allem" zugeschrieben; vgl. Mal 3,23f). Die Frage der Jünger wird von Jesus positiv aufgegriffen. Wie die Schriftgelehrten setzt er die Wiederkunft des Elija voraus, sieht sie aber im Unterschied zu ihnen, als schon geschehen an. Er weist auf Johannes, als wiedergekommenen Elija hin, in dem das Schicksal des

Menschensohnes vorweggenommen ist. Wenn man V 12 genau liest, zeigt sich aber, dass das eigentliche Thema, um das es hier geht, das Leiden des Menschensohnes ist. Jesus versucht behutsam, das Verständnis für sein Leiden in der Jüngerbelehrung weiterzuführen.

JESUS, wir möchten zwar einen Strahl deiner göttlichen Herrlichkeit schauen – aber den Weg übersehen. Schenk uns den Mut, auch das Leiden als Gnade auf dem Weg zur Verklärung zu erkennen und freudig anzunehmen.

43. Tag: 9,14-29
Heilung eines besessenen Jungen

Als sie zu den anderen Jüngern zurückkamen, sahen sie eine große Menschenmenge um sie versammelt und Schriftgelehrte, die mit ihnen stritten. Sobald die Leute Jesus sahen, liefen sie in großer Erregung auf ihn zu und begrüßten ihn. Er fragte sie: Warum streitet ihr mit ihnen? Einer aus der Menge antwortete ihm: Meister, ich habe meinen Sohn zu dir gebracht. Er ist von einem stummen Geist besessen; immer wenn der Geist ihn überfällt, wirft er ihn zu Boden und meinem Sohn tritt Schaum vor den Mund, er knirscht mit den Zähnen und wird starr. Ich habe schon deine Jünger gebeten, den Geist auszutreiben, aber sie hatten nicht die Kraft dazu. Da sagte er zu ihnen: O du ungläubige Generation! Wie lange muss ich noch bei euch sein? Wie lange muss ich euch noch ertragen? Bringt ihn zu mir! Und man führte ihn herbei. Sobald der Geist Jesus sah, zerrte er den Jungen hin und her, sodass er hinfiel und sich mit Schaum vor dem Mund auf dem Boden wälzte. Jesus fragte den Vater: Wie lange hat er das schon? Der Vater antwortete: Von Kind auf; oft hat er ihn sogar ins Feuer oder ins Wasser geworfen, um ihn umzubringen. Doch wenn du kannst, hilf uns; hab Mitleid mit uns! Jesus sagte zu ihm: Wenn du kannst? Alles kann, wer glaubt. Da rief der Vater des Jungen: Ich glaube; hilf meinem Unglauben! Als Jesus sah, dass

die Leute zusammenliefen, drohte er dem unreinen Geist und sagte: Ich befehle dir, du stummer und tauber Geist: Verlass ihn und kehr nicht mehr in ihn zurück! Da zerrte der Geist den Jungen hin und her und verließ ihn mit lautem Geschrei. Der Junge lag da wie tot, so dass alle Leute sagten: Er ist gestorben. Jesus aber fasste ihn an der Hand und richtete ihn auf, und der Junge erhob sich. Als Jesus nach Hause kam und sie allein waren, fragten ihn seine Jünger: Warum konnten denn wir den Dämon nicht austreiben? Er antwortete ihnen: Diese Art kann nur durch Gebet ausgetrieben werden.

In einem Tafelbild in den Vatikanischen Museen hat Raffael, 1483-1520, die unmittelbar vorher geschilderte Verklärung in großer Eindringlichkeit mit der Heilung des besessenen Jungen verbunden: Ohne dass die Beteiligten es selbst wahrnehmen, erhält diese Szene eine Offenheit hin zum verklärten Christus. Während Jesus mit den 3 Jüngern auf dem Berg ist und vor ihren Augen verklärt wird, versuchen die übrigen Jünger, aus einem kranken Jungen einen Dämon auszutreiben. Der einführend geschilderte Szenenwechsel lässt nicht übersehen, dass der Evangelist besonders die Jünger im Blick hat. Da sie den Jungen nicht von dem Krankheitsdämon befreien können (trotz 3,15; 6,7), entsteht ein Streitgespräch mit der Volksmenge und einigen Schriftgelehrten. Beim Herannahen Jesu richtet sich die Aufmerksamkeit aller jedoch sogleich auf Ihn. Mit der Frage an die Jünger wegen ihres Streites, wird die Szene geöffnet.

„Einer aus der Menge" antwortet. Seine Begegnung mit Jesus erhält bereits am Anfang einen dramatischen Akzent. Als Bittsteller für den Sohn erlangt er volle Aufmerksamkeit. Er spricht ihn respektvoll als „Lehrer" an. Das ist die griechische Widergabe des aramäischen „Rabbi". Der Mann trägt die Krankheitsgeschichte vor. Nach der Beschreibung des Vaters leidet das Kind an Epilepsie (vgl. Mt 17,15), der Krankheit, die unter Griechen als göttlich (die „heilige Krankheit"), unter Juden aber als dämonisch verursacht galt. Und er berichtet von dem Unvermögen der Jünger, die den Geist nicht austreiben konnten.

Die Klage Jesu in V 19 bezieht sich auf das Volk, die Schriftgelehrten, wie auch die Jünger (anders 8,12; 9,38; vgl. auch Num 14,27; Dtn. 32,20). - Heil und Heilung hängen davon ab, ob Glaube vorhanden ist bzw. zustande kommt oder nicht (V.23; vgl. 2,5; 5,34.36; 6,5f; 10,52; ferner Mt 8,10.13). Solcher Glaube aber, der Heil und Heilung schafft, entzündet sich an Jesus und ist seine Gabe an die Menschen (V.24). In V 21-24 unterbricht ein Dialog Jesu mit dem Vater den in V 20 eingeleiteten Vorgang. Das Glaubensthema gibt diesem Zwischenstück ein besonderes Gewicht und eine zentrale Bedeutung. Die Formulierung der Bitte des Vaters „wenn du kannst", zeigt seine Unsicherheit. Die Antwort Jesu ist ein Ausdruck der Gewissheit über die Macht des Glaubens: „alles ist dem möglich, der glaubt" und zeigt Jesus als den wahrhaft Glaubenden, - als „den Urheber und Vollender des Glaubens" (Hebr 12,2). Stärker wiegt hier jedoch der Zuspruch und Anruf an den Vater. Er entspricht ihm mit seinem Glaubensbekenntnis, das zugleich eine Bitte um die Hilfe Jesu gegen seinen Unglauben ist. Mit einem Befahlswort treibt Jesus den Dämon aus und richtet den wie tot daliegenden Jungen auf.

Später findet im Haus, allein mit den Jüngern (zuletzt 7,17), noch eine Belehrung statt. Sie dient einer praktischen Anweisung für das Vorgehen der Jünger, die auch der nachösterlichen Gemeinde als Regel dienen sollte. Es ist charakteristisch für den Evangelisten Markus, dies anzumerken. Die Jünger, die ihre menschliche Ohnmacht erleben mussten, werden hier an den verwiesen, aus dessen Nähe sich auch Jesu vollmächtiges Wirken speist (vgl. 1,35). Dämonenaustreibung erfolgt durch das Gebet, das der stärkste Ausdruck des Glaubens ist. Einige Textzeugen fügen nach „Gebet" noch „und Fasten" hinzu.

JESUS, du hast durch Gebet (und Fasten) geheilt und befreit. Gib uns ein neues Gespür für die Wirkmacht des Gebetes.

44. Tag: 9,30-32
Zweite Ankündigung von Leiden und Auferstehung

Sie gingen von dort weg und zogen durch Galiläa. Er wollte aber nicht, dass jemand davon erfuhr; denn er wollte seine Jünger über etwas belehren. Er sagte zu ihnen: Der Menschensohn wird den Menschen ausgeliefert und sie werden ihn töten; doch drei Tage nach seinem Tod wird er auferstehen. Aber sie verstanden den Sinn seiner Worte nicht, scheuten sich jedoch, ihn zu fragen.

Mit einer Wegangabe und dem Hinweis auf Jesu Absicht, verborgen zu bleiben, wird eine erneute Belehrung über sein bevorstehendes Leiden und Auferstehen eingeleitet. Wie in 8,31-33 begegnen die Jünger der Ankündigung mit völligem Unverständnis, das später mit V 34 noch in besonderer Weise hervortreten wird. Statt von „Leiden und Verworfenwerden" (vgl. 8,31) ist nun von seiner „Auslieferung in die Hände der Menschen" die Rede. Das Motiv wie auch der sprachliche Ausdruck erinnern an das 4. Lied vom leidenden Gottesknecht (Jes 52,13-53,12; besonders V.6 und V.12), das der Prophet Deutero-Jesaja im Babylonischen Exil verfasst hatte.

Jesus spricht hier von sich als „Menschensohn". Der Titel „Menschensohn" ist an dieser Stelle nicht eine Hoheitsbezeichnung in Anlehnung an die Danielapokalypse (Dan 7,13), sondern eine Niedrigkeitsaussage. Danach ist der Gottesknecht zum Leiden bestimmt und dazu, einen schmachvollen Tod auf sich zu nehmen. Jesus gibt damit dem Bild des Messias wesenhafte Züge des Gottesknechtes. Diese Messiasauffassung war radikal neu. Sie passte in keiner Weise zum herkömmlichen Messiasbild der Juden, nach deren Auffassung der Messias ein „gesalbter König" oder Priester sein musste, der die Herrschaft Davids, des größten Königs Israels, erneuern sollte. Man konnte sich den Messias nur machtvoll und siegreich vorstellen. Ein leidender Messias war nicht denkbar. Jesus korrigiert also die vorherrschende Messiasauffassung. Der Menschensohn „muss leiden" (8,31). Diese Notwendigkeit ist jedoch nicht blindes Schicksal oder eine politisch absehbare Folge seines Tuns, sondern Gottes Wille, der nicht Grausamkeit, sondern

das Gesetz offenbart, dass alles Böse der Welt, angesichts der den Menschen geschenkten Freiheit, nur durch Leiden überwunden werden kann. Die Menschen dieser Welt beantworten in der Regel Böses mit Bösem. Eine Überwindung des Bösen ist aber nur möglich, wenn auf Vergeltung verzichtet wird. Das aber schließt die Bereitschaft ein, unschuldig zu leiden. Jesus „muss" diesen Weg des unschuldigen Leidens gehen. So kann er das Böse überwinden. Es gibt keinen anderen Weg, Frieden und Versöhnung in der Welt zwischen den Menschen und vor Gott zu stiften.

Die zweite Ankündigung Jesu von seinem bevorstehenden Leiden und seiner Auferstehung ist die kürzeste. Statt „muss" heißt es hier „wird". Damit wird an Stelle der göttlichen Notwendigkeit mehr die prophetische Ankündigung betont. Statt der jüdischen Würdenträger sind hier in allgemeinerer Form die „Menschen" genannt. Im Bild des leidenden Gottesknechtes suchte der Evangelist Markus den Tod Jesu im Zusammenhang der heilsgeschichtlichen Führungen und Absichten Gottes zu verdeutlichen.

JESUS, du wusstest um die Notwendigkeit des Leidens für uns. Lass uns den Weg, den du für uns gegangen bist, nicht aus den Augen verlieren.

45. Tag: 9,33-37
Rangstreit der Jünger

Sie kamen nach Kafarnaum. Als er dann im Haus war, fragte er sie: Worüber habt ihr unterwegs gesprochen? Sie schwiegen, denn sie hatten unterwegs miteinander darüber gesprochen, wer (von ihnen) der Größte sei. Da setzte er sich, rief die Zwölf und sagte zu ihnen: Wer der Erste sein will, soll der Letzte von allen und der Diener aller sein. Und er stellte ein Kind in ihre Mitte, nahm es in seine Arme und sagte zu ihnen: Wer ein solches Kind um meinetwillen aufnimmt, der nimmt mich auf; wer aber mich aufnimmt, der nimmt nicht nur mich auf, sondern den, der mich gesandt hat.

Nach erneutem Ortswechsel („Kafarnaum" vgl. Mt 4,13; Jesus macht Kafarnaum zu „seiner Stadt"), setzt Jesus die Belehrung seiner Jünger in anderer Form fort. Er fragt nach dem Gegenstand ihres Gespräches auf dem Weg. Uns teilt der Evangelist mit, dass es um die Frage ging, wer der Größte unter ihnen sei. Jesus weiß darum, ohne dass die Jünger sich zu seiner Frage äußern müssten und korrigiert sie, indem er ihre Sicht über das „Erster-sein" verändert. Begriffe wie Groß und Klein, der Erste und der Letzte sollen für die Jünger einen gänzlich anderen Sinn gewinnen, als sie für gewöhnlich haben. Der Erste ist nun nicht mehr der, der alle an Macht, Einfluss oder Ansehen überragt. Der Letzte ist der Erste, d.h. der, der zu einem Leben des demütigen Dienstes gegenüber den Menschen bereit ist. Er erklärt ihnen, dass ein höherer Rang keinen besonderen Anspruch gegenüber den anderen Jüngern begründet und fordert die Bereitschaft „Diener aller", zu werden. (eine Parallele zu 9,33-35 bietet 10, 35-45; vgl. auch Mt 10,40; Lk 10,16; Joh 13,20). Zu 9,36 bietet 10,13-16 im zweiten Teil eine gewisse Parallele).

Jesus veranschaulicht seine Lehre durch ein Kind, das er in ihre Mitte stellt (V 36), unterstreicht damit aber auch den neuen Maßstab für „Größe" in seiner Nachfolge. Mit dem Stichwort „Kind" gibt der Evangelist der Lehre Jesu in V 37 aber auch eine gewisse Wendung. – Es geht nicht mehr um die Kritik an den Ambitionen der Jünger, sondern um das dienende Besorgtsein. Für den Jünger gilt, dass der Dienst an den Menschen, der oft unbedeutend erscheinen mag, Gottesdienst ist. Im Geringsten begegnet Jesus selbst.

JESUS, du hast gelehrt, wer wirklich „groß" ist – der, der zum Diener aller wird. Lehre uns die Kunst des demütigen Dienens.

46. Tag: 9,38-41
Der fremde Wundertäter

Da sagte Johannes zu ihm: Meister, wir haben gesehen, wie jemand in deinem Namen Dämonen austrieb; und wir versuchten, ihn

daran zu hindern, weil er uns nicht nachfolgt. Jesus erwiderte: Hindert ihn nicht! Keiner, der in meinem Namen Wunder tut, kann so leicht schlecht von mir reden. Denn wer nicht gegen uns ist, der ist für uns. Wer euch auch nur einen Becher Wasser zu trinken gibt, weil ihr zu Christus gehört - amen, ich sage euch: er wird nicht um seinen Lohn kommen.

Die Jünger tragen Jesus einen aktuellen Fall von prinzipieller Bedeutung vor. Jemand treibt „im Namen Jesu" Dämonen aus, ohne dass er sich der Jüngergemeinde anschließt. Jesus antwortet mit der Weisung zu Toleranz. Er setzt dabei die Ernsthaftigkeit und die gute Absicht dessen voraus, der in seinem Namen Wunder tut und die sich auch darin zeigt, dass er nicht „so leicht schlecht von ihm reden kann". Für uns heute formuliert lautet die Frage: Wie halten wir es mit einer Berufung auf Christus, mit einem „anonymen Christentum" ohne Anschluss an die Kirche? - Die Zugehörigkeit zur Jüngergemeinde kann nicht von den Jüngern allein, - an Jesus vorbei - entschieden werden. Jesus bietet noch eine weitere Begründung für „Toleranz": „Wer nicht gegen uns ist, der ist für uns". An die vorgegebene Einheit V.38-40 hat der Evangelist in V.41 ein allgemeines Verheißungswort, wohl in Verbindung zu „in deinem Namen" aufgenommen und mit „weil ihr zu Christus gehört", lose angeschlossen.

JESUS, wir alle wünschen uns Toleranz, Angenommensein. Hilf uns, auch ein weites, liebendes Herz zu haben für Menschen, deren Verhalten uns fremd ist.

47. Tag: 9,42-50
Warnung vor Verführung

Wer einen von diesen Kleinen, die an mich glauben, zum Bösen verführt, für den wäre es besser, wenn er mit einem Mühlstein um den Hals ins Meer geworfen würde. Wenn dich deine Hand zum Bösen verführt, dann hau sie ab; es ist besser für dich, verstümmelt in

das Leben zu gelangen, als mit zwei Händen in die Hölle zu kommen, in das nie erlöschende Feuer. Und wenn dich dein Fuß zum Bösen verführt, dann hau ihn ab; es ist besser für dich, verstümmelt in das Leben zu gelangen, als mit zwei Füßen in die Hölle geworfen zu werden. Und wenn dich dein Auge zum Bösen verführt, dann reiß es aus; es ist besser für dich, einäugig in das Reich Gottes zu kommen, als mit zwei Augen in die Hölle geworfen zu werden, wo ihr Wurm nicht stirbt und das Feuer nicht erlischt. Denn jeder wird mit Feuer gesalzen werden. Das Salz ist etwas Gutes. Wenn das Salz die Kraft zum Salzen verliert, womit wollt ihr ihm seine Würze wiedergeben? Habt Salz in euch und haltet Frieden untereinander!

Der Evangelist lässt die seit V 33 zusammengestellten Lehrworte Jesu ausklingen mit der mahnenden Warnung, „diese Kleinen, die an mich glauben", zum Bösen zu verführen. Das Bild vom Mühlstein am Hals ist drastisch; aber so wichtig sind Jesus diese Kleinen, dass er uns bewusst aufschrecken will. „Die an mich glauben" kennzeichnet sie als zugehörig zur Jesus nachfolgenden Jüngerschaft. Zum Bösen verführen (wörtlich aus dem Griechischen übersetzt, heißt es hier: „Ärgernis geben"), meint, einen Menschen zu Fall bringen und sein Leben vor Gott bedrohen. Er gefährdet seinen Glauben, der den Zugang zum Gottesreich eröffnet. Die Mahnung des Apostels Paulus an die „Starken" in 1 Kor 8 und Röm 14-15 ist geeignet, das Gemeindeproblem verständlich zu machen. An dieses Wort schließen, ebenfalls zum Thema „Ärgernis-geben", drei weitere, gleichgeformte Mahnworte an (V 43.45.47). Sie wollen das Thema individualisieren. Es geht um „mich" und „dich", denen die Hand, der Fuß, das Auge zum Ärgernis, zur Versuchung gereichen können.

Nach damaliger, bildhafter Vorstellungs- und Ausdrucksweise liegen die (untergeordneten) Antriebszentren aller menschlichen Handlungen, guter wie schlechter, in den jeweils zuständigen und ausführenden Gliedern und Organen (vgl. Spr 6,17; 23,33; 27,20). Wenn diese schmerzhafte Trennung von eigenen Körpergliedern auch nur bildlich zu verstehen ist, Jesus weiß,

dass alles Böse aus dem Herzen kommt (7,20.23), - so zeigen die Bilder doch, mit welcher Radikalität und Opferbereitschaft der Mensch vorgehen soll, wenn es um den treuen Verbleib bei Christus geht. Er hat seine Nachfolge so ernst zu nehmen, dass er sich von ihrer Verwirklichung durch nichts hindern lassen darf – für sich selbst, aber auch für andere, die von seinem Vorbild abhängig sind. Es wird deutlich, dass die drei Mahnworte die Warnung von V 42 litaneihaft unterstreichen sollen. Sie stehen auch in einer inneren Beziehung zu Mk 8,34-37, wo ebenfalls von den Bedingungen der Nachfolge die Rede ist. Das letzte Wort (V 48) schließt mit einem verstärkenden Zitat aus Jes 66,24, das in der späteren Überlieferung auch nach V 43 und V 45 eingefügt (gezählt als V 44 und 46) wurde.

Dieser Abschnitt hat vor allem „das Leben" (43.45) im Blick, dem der drohende Heilsverlust verschärfend gegenübergestellt ist. Das Stichwort Feuer in V 48 gab Anlass, ein weiteres „Feuer-Wort" anzuschließen. „Feuer" könnte sich auf Prüfungen und Opfer beziehen, die dem Jünger auferlegt werden und ihn läutern und festigen sollen (salzen). Das Stichwort Salz zieht zwei weitere Worte nach sich. In V 50b könnte Salz die Radikalität wirklicher Jesus-Nachfolge meinen oder die Lehre Jesu selbst, die sich im Leben der Jünger auswirken muss. Das Bild vom Salz verdeutlicht aber auch gut die Kraft des Evangeliums. Diesen Sinn bewahrt auch die anschließende Mahnung an die Jünger: „Habt Salz in euch".

Mit dem abschließenden Mahnwort: „und haltet Frieden untereinander!", lenkt der Evangelist zurück zu dem Vorfall von V 33f. (Der fremde Wundertäter). In einer konsequent gelebten Nachfolge Jesu, die sich auf sein Evangelium besinnt, wird aufkommender Streit zwischen den Jüngern überwunden.

JESUS, lass unser Herz in Liebe brennen und so den Frieden und die Freude eines Lebens mit dir ausstrahlen und verkünden.

48. Tag: 10,1-12
Von der Ehescheidung

Von dort brach Jesus auf und kam nach Judäa und in das Gebiet jenseits des Jordan. Wieder versammelten sich viele Leute bei ihm, und er lehrte sie, wie er es gewohnt war. Da kamen Pharisäer zu ihm und fragten: Darf ein Mann seine Frau aus der Ehe entlassen? Damit wollten sie ihm eine Falle stellen. Er antwortete ihnen: Was hat euch Mose vorgeschrieben? Sie sagten: Mose hat erlaubt, eine Scheidungsurkunde auszustellen und (die Frau) aus der Ehe zu entlassen. Jesus entgegnete ihnen: Nur weil ihr so hartherzig seid, hat er euch dieses Gebot gegeben. Am Anfang der Schöpfung aber hat Gott sie als Mann und Frau geschaffen. Darum wird der Mann Vater und Mutter verlassen, und die zwei werden ein Fleisch sein. Sie sind also nicht mehr zwei, sondern eins. Was aber Gott verbunden hat, das darf der Mensch nicht trennen. Zu Hause befragten ihn die Jünger noch einmal darüber. Er antwortete ihnen: Wer seine Frau aus der Ehe entlässt und eine andere heiratet, begeht ihr gegenüber Ehebruch. Auch eine Frau begeht Ehebruch, wenn sie ihren Mann aus der Ehe entlässt und einen anderen heiratet.

Jesu wirksame Mission

Jesus verwirklicht seine Mission. Er geht zu den Menschen und ist für sie sie erreichbar. Weil Jesus eine bisher nie gehörte frohe Botschaft bringt, kommen viele zu ihm. In seiner Nähe entdecken wir den Reichtum der Freundschaft mit Gott. „Wir genügen uns nur solange, bis wir beginnen IHN zu betrachten." (sel. John Henry Kard. Newman)

Vom Falle-stellen zum ehrlichen Fragen

Die gesetzestreuen Pharisäer, denen – so scheint es – der Buchstabe wichtiger ist, als der lebendig machende Geist, stellen Jesus eine Frage, deren Antwort sie bereits kennen. Sie wollen nicht ein Problem lösen oder

zu tieferer Einsicht gelangen, sondern sie wollen Jesus eine Falle stellen. Jesus lässt sie selbst antworten, fügt jedoch sogleich hinzu, warum Mose diese Möglichkeit, aus der Ehe zu entlassen, eingeräumt hat: „Weil ihr so hartherzig seid, hat Mose euch dieses Gebot gegeben." Jesus macht klar, dass die Fragenden genau dieselbe ungute Herzensverfassung haben, die schon zur Zeit des Mose ein gutes Eheleben unmöglich machen konnte. Als eine „Notlösung" hat Mose das Entlassen zugestanden. Schlimmeres Leid, welches aus einer mit Hartherzigkeit und unter Berufung auf Gebote erzwungenen Eheweiterführung erwächst, soll unbedingt verhindert werden. Hartherzige sind zu keiner Beziehung fähig: weder mit Gott noch mit einem Menschen. Jesus verweist auf die Absicht Gottes, dass Mann und Frau in der Ehe dauerhaft eins sind. Trotz unserer Schwäche können wir Gottes Willen erkennen und verwirklichen. Jesus setzt auf die Verheißung, dass Gott selber uns einen neuen Geist und ein neues Herz schenkt (vgl. Ez 11,19 und Ez 36, 25-27). Gott selbst wandelt Hartherzigkeit zu Beziehungsfähigkeit.

Nicht selten fragen Betroffene, die in der Ehe gescheitert sind und sich auch nicht zur Ehelosigkeit berufen sehen, warum für sie trotz aufrichtiger Umkehr und Beichte, der Empfang der hl. Eucharistie und ein Neuanfang in einer Beziehung nicht erlaubt sein soll. Warum gibt es bei gescheiterter Ehe hinsichtlich des Neubeginns eine Ausnahme? Freilich, der Ehebund ist ein Bild für die Treue Gottes. Aber müssen nicht alle Christen die Treue Gottes vollkommen abbilden? Bei Versagen – leben wir nicht alle aus der Versöhnung? Wie können wir denen, die voll Vertrauen, aber vielleicht „zu jugendlich", einander das Jawort gegeben haben, nach baldigem Scheitern einen gottgeschenkten Neuanfang verkünden? Wie soll für seelisch schwer Verletzte die übergroß gewordene Gnade (Röm 5,20) und das Leben in Fülle in völliger Enthaltsamkeit ganz praktisch aussehen? Das sind die großen Herausforderungen an uns als Gemeinschaft der Kirche. In meinem priesterlichen Auftrag, Jesu Barmherzigkeit erfahrbar zu machen, fühle ich mich mit den Betroffenen unendlich tief verbunden und bete darum, dass Jesus mich niemals abweichen lässt – von seiner Art. (Anm.: vgl. Familiaris Consortio 84).

JESUS, segne alle Ehepaare und Familien mit deiner Liebe.

49. Tag: 10,13-16
Segnung der Kinder

Da brachte man Kinder zu ihm, damit er ihnen die Hände auflegte. Die Jünger aber wiesen die Leute schroff ab. Als Jesus das sah, wurde er unwillig und sagte zu ihnen: Lasst die Kinder zu mir kommen; hindert sie nicht daran! Denn Menschen wie ihnen gehört das Reich Gottes. Amen, das sage ich euch: Wer das Reich Gottes nicht so annimmt, wie ein Kind, der wird nicht hineinkommen. Und er nahm die Kinder in seine Arme; dann legte er ihnen die Hände auf und segnete sie.

Wer zu Jesus geht, hat Zugang zum Himmel

Wer Kinder liebt und Glauben hat, vertraut seine Kinder gerne Gott an. Sie sollen die Nähe Gottes erfahren. Wenn Jesus jemandem die Hände auflegt, ist dies ein besonderes Zeichen der liebevollen Zuwendung Gottes. Jesus will sich nicht durch eifrige Jünger abschirmen lassen. Jedem Menschen gilt sein Wort: „Kommt alle zu mir!" Gott will nicht, dass wir, mit welchen Argumenten auch immer, Hilfesuchenden den Zugang zu Ihm erschweren. Manchmal führt das Verhalten besonders „eifriger" Christen dazu, dass Suchende, Eingeschüchterte und Verletzte zur Annahme kommen, dass sie besser anderswo suchen sollten. Es darf nicht sein, dass Jesus nochmals sagen muss: „Ihr lasst (auch) die nicht hinein, die hineingehen wollen" (Mt 22,13). Gute Absichten garantieren noch nicht, dass die Taten auch wirklich christlich sind. Madeleine Delbrél (+ 1964) mahnt uns: „Du bist Christ durch und für die christliche Liebe, durch nichts sonst und für nichts außerdem. Vergisst du die Liebe, machst du dich lächerlich." Zum Eintritt und zum Verbleiben im Reich Gottes bedarf es der ständigen „Orientierung am Kinde". Denn: Im Glauben erwachsen ist nur, wer vor Gott wie ein Kind sein kann.

JESUS, hilf mir, dir mit kindlichem Glauben nachzufolgen.

50. Tag: 10,17-31
Reichtum und Nachfolge

Als sich Jesus wieder auf den Weg machte, lief ein Mann auf ihn zu, fiel vor ihm auf die Knie und fragte ihn: Guter Meister, was muss ich tun, um das ewige Leben zu gewinnen? Jesus antwortete: Warum nennst du mich gut? Niemand ist gut außer Gott, dem Einen. Du kennst doch die Gebote: Du sollst nicht töten, du sollst nicht die Ehe brechen, du sollst nicht stehlen, du sollst nicht falsch aussagen, du sollst keinen Raub begehen; ehre deinen Vater und deine Mutter! Er erwiderte ihm: Meister, alle diese Gebote habe ich von Jugend an befolgt. Da sah ihn Jesus an, und weil er ihn liebte, sagte er: Eines fehlt dir noch: Geh, verkaufe, was du hast, gib das Geld den Armen, und du wirst einen bleibenden Schatz im Himmel haben; dann komm und folge mir nach! Der Mann aber war betrübt, als er das hörte, und ging traurig weg; denn er hatte ein großes Vermögen. Da sah Jesus seine Jünger an und sagte zu ihnen: Wie schwer ist es für Menschen, die viel besitzen, in das Reich Gottes zu kommen! Die Jünger waren über seine Worte bestürzt. Jesus aber sagte noch einmal zu ihnen: Meine Kinder, wie schwer ist es, in das Reich Gottes zu kommen! Eher geht ein Kamel durch ein Nadelöhr, als dass ein Reicher in das Reich Gottes gelangt. Sie aber erschraken noch mehr und sagten zueinander: Wer kann dann noch gerettet werden? Jesus sah sie an und sagte: Für Menschen ist das unmöglich, aber nicht für Gott; denn für Gott ist alles möglich. Da sagte Petrus zu ihm: Du weißt, wir haben alles verlassen und sind dir nachgefolgt. Jesus antwortete: Amen, ich sage euch: Jeder, der um meinetwillen und um des Evangeliums willen Haus oder Brüder, Schwestern, Mutter, Vater, Kinder oder Äcker verlassen hat, wird das Hundertfache dafür empfangen: Jetzt in dieser Zeit wird er Häuser, Brüder, Schwestern, Mütter, Kinder und Äcker erhalten, wenn auch unter Verfolgungen, und in der kommenden Welt das ewige Leben. Viele aber, die jetzt die Ersten sind, werden dann die Letzten sein, und die Letzten werden die Ersten sein.

Loslassen – Einlassen – Sich beschenken lassen

Uns überrascht, die Antwort Jesu: „Was nennst du mich gut. Niemand ist gut ausser Gott." „Gut-sein" ist eine Eigenschaft, die im strengen Sinne nur Gott zukommt. Wenn Jesus diese Bezeichnung nicht für sich in Anspruch nehmen will, deutet er damit die absolute Überlegenheit Gottes an. Jesus, lässt sich von der vermutlich schmeichelhaft gemeinten Anrede „Guter Meister" nicht beeindrucken, verweist auf die Gebote und will dann diesen Reichen, den er auch liebgewonnen hat, in seinem Vertrauen herausfordern und fördern: Er soll alles auf eine Karte setzen, alles verkaufen, das Geld den Armen geben und sich so eine „Wertanlage" für den Himmel schaffen. Dann kann er in seiner größer gewordenen Freiheit Jesus nachfolgen. Aber das schafft er nicht. Dazu wäre für ihn zu viel Vertrauen, eine zu große Neuorientierung und Umstellung nötig. Die Beziehung zum Besitz ist ihm wichtiger als der Weg mit Jesus. Dem „armen" Reichen befällt Betrübnis und Trauer. Es ist für die Seele tatsächlich zum Trauern, wenn ihr die vollkommene Gemeinschaft mit Jesus nicht gestattet wird. Menschen, die sich nicht auf Gottes Wege einlassen, überkommt eine (oft unbewusste) Frustration. Sie verbleiben in einer andauernden Unzufriedenheit, weil sie der tiefsten Sehnsucht ihrer Seele nicht folgen und nicht ihrem eigenen Wesen entsprechend leben. Menschen, die sich Gott nicht anvertrauen können, verweigern ihr Heranwachsen zur vollen Größe, die Gott ihnen zugedacht hat. Aber wenn ein Mensch sich auf die Nachfolge Jesu einlässt, dann verwirklicht er seine Berufung: „Er wächst über alle Dinge und über sich selbst hinaus." (Sel. Elisabeth von Dijon)

JESUS, ich will bescheiden leben, und reich werden vor Gott.

51. Tag: 10,32-34
Dritte Ankündigung von Leiden und Auferstehung

Während sie auf dem Weg hinauf nach Jerusalem waren, ging Jesus voraus. Die Leute wunderten sich über ihn, die Jünger aber hatten Angst. Da versammelte er die Zwölf wieder um sich und

kündigte ihnen an, was ihm bevorstand. Er sagte: Wir gehen jetzt nach Jerusalem hinauf; dort wird der Menschensohn den Hohenpriestern und den Schriftgelehrten ausgeliefert; sie werden ihn zum Tod verurteilen und den Heiden übergeben; sie werden ihn verspotten, anspucken, geißeln und töten. Aber nach drei Tagen wird er auferstehen.

Innerer Halt lässt Haltung bewahren

Mit großer Entschiedenheit geht Jesus nach Jerusalem, dem Ort der „Entscheidung". In Jerusalem, dem Zentrum politischer und religiöser Macht, scheiden sich die Geister. Der Weg der Nachfolge führt auch uns immer wieder an Orte oder in Situationen, welche zur Entscheidung zwingen. Solche Entscheidungssituationen zeigen unsere Orientierung, unseren inneren Halt und unsere Haltung. Der Mensch hält sich an das, was ihm Halt verspricht. In den Fragen des Glaubens zeigt sich, ob sich jemand an das buchstäblich niedergeschriebene Wort oder direkt an Jesus und seinen Geist hält. Wer Jesus noch nicht anerkennt, findet keinen Halt in ihm und es bleibt ihm nur der Buchstabe. Und solche, die ihr eigenes Gesetzes- und Ordnungsverständnis mit einem (vielleicht unbewussten) Machtbedürfnis über die Anerkennung Jesu als Sohn Gottes stellt haben, veranlassen seine Hinrichtung. Jesus hat den Leidens- und Todesweg klar vor Augen. Er hat aber auch einen inneren Halt, kann deshalb Haltung bewahren und auch im Sterben ein Liebender bleiben. In Jesu Auferweckung erkennen wir die Liebe seines Vaters. Wer Jesu Weg als den richtigen Weg anerkennt, hat Anteil an seinem ewigen Leben.

JESUS, du weißt alles, du weißt auch, daß ich dich liebe!

52. Tag: 10,35-45
Herrschen und Dienen

Da traten Jakobus und Johannes, die Söhne des Zebedäus, zu ihm und sagten: Meister, wir möchten, dass du uns eine Bitte erfüllst. Er antwortete: Was soll ich für euch tun? Sie sagten zu ihm: Lass in deinem Reich einen von uns rechts und den andern links neben dir sitzen. Jesus erwiderte: Ihr wisst nicht, um was ihr bittet. Könnt ihr den Kelch trinken, den ich trinke, oder die Taufe auf euch nehmen, mit der ich getauft werde? Sie antworteten: Wir können es. Da sagte Jesus zu ihnen: Ihr werdet den Kelch trinken, den ich trinke, und die Taufe empfangen, mit der ich getauft werde. Doch den Platz zu meiner Rechten und zu meiner Linken habe nicht ich zu vergeben; dort werden die sitzen, für die diese Plätze bestimmt sind. Als die zehn anderen Jünger das hörten, wurden sie sehr ärgerlich über Jako-bus und Johannes. Da rief Jesus sie zu sich und sagte: Ihr wisst, dass die, die als Herrscher gelten, ihre Völker unterdrücken und die Mächtigen ihre Macht über die Menschen missbrauchen. Bei euch aber soll es nicht so sein, sondern wer bei euch groß sein will, der soll euer Diener sein, und wer bei euch der Erste sein will, soll der Sklave aller sein. Denn auch der Menschensohn ist nicht gekommen, um sich dienen zu lassen, sondern um zu dienen und sein Leben hinzugeben als Lösegeld für viele.

Das Großsein im Dienen lässt uns „groß" werden. Jakobus und Johannes möchten im Reich des Herrn ganz bei Jesus sein und wenden sich mit diesem Anliegen an ihn, gemäß seiner Weisung: „Bittet und ihr werdet empfangen". Mit dem Trinken des Kelches und der Taufe, welche die empfangen, die Jesus nachfolgen, meint Jesus das Leiden, das uns erwartet, uns, die wir gut sein sollen auch in unguter Situation und lieben sollen, auch in liebloser Umgebung. Jakobus und Johannes müssen tatsächlich wie Jesus das Martyrium erleiden. Jesus, der ihnen das auch zutraut, verweist indirekt auf seinen Vater, wenn er erklärt, dass dort die sitzen werden, für die diese Plätze bestimmt sind. Der Ärger der zehn anderen Jünger über die

beiden Brüder macht deutlich, dass die Jüngerinnen und Jünger Jesu in ihren Ansichten und Anliegen keineswegs immer eines Sinnes sind. Jesus wird nicht müde, seine Schüler daran zu erinnern, dass in seinem Reich neue Maßstäbe gelten: Wo Jesus der Herr ist, dient Macht nicht zur Unterdrückung, sondern zur Befreiung. Wer im Reich Gottes ist, wird zum Diener. Wirkliche menschliche Größe zeigt sich im Dasein für andere, ohne dafür eine Gegenleistung zu erwarten. Christen leben nach dem Motto: Wie Gott mir, so ich Dir!

JESUS, ich will lieber dienen als herrrschen, so wie du.

53. Tag: 10,46-52
Heilung eines Blinden

Sie kamen nach Jericho. Als er mit seinen Jüngern und einer großen Menschenmenge Jericho wieder verließ, saß an der Straße ein blinder Bettler, Bartimäus, der Sohn des Timäus. Sobald er hörte, dass es Jesus von Nazaret war, rief er laut: Sohn Davids, Jesus, hab Erbarmen mit mir! Viele wurden ärgerlich und befahlen ihm zu schweigen. Er aber schrie noch viel lauter: Sohn Davids, hab Erbarmen mit mir! Jesus blieb stehen und sagte: Ruft ihn her! Sie riefen den Blinden und sagten zu ihm: Hab nur Mut, steh auf, er ruft dich. Da warf er seinen Mantel weg, sprang auf und lief auf Jesus zu. Und Jesus fragte ihn: Was soll ich dir tun? Der Blinde antwortete: Rabbuni, ich möchte wieder sehen können. Da sagte Jesus zu ihm: Geh! Dein Glaube hat dir geholfen. Im gleichen Augenblick konnte er wieder sehen, und er folgte Jesus auf seinem Weg.

Vom Herumsitzen zum Nachfolgen

Bartimäus ist zwar blind, kann aber recht gut hören und hat einen starken Glauben; zudem verfügt er über eine kräftige Stimme. Was er hat und kann, das setzt er ein. Sein Hören, sein Glaube und sein Beten machen aus

ihm einen ganz gesunden Jünger Jesu. Die Heilung des Bartimäus macht deutlich, dass wir uns in unseren Erwartungen an Jesus von ärgerlich gewordenen Mitmenschen niemals einschüchtern lassen dürfen. Heilung und Nachfolge brauchen eine große Freiheit auch gegenüber den Mitmenschen. Wenn Jesus in unserer Sehnsucht nach Leben in Fülle unsere einzige Hoffnung geworden ist, dann befreien wir uns auch von den letzten unberechtigten Einschränkungen: Er aber schrie noch viel lauter: Sohn Davids, hab Erbarmen mit mir! So wird dem Bartimäus zur vollen Sehkraft des Herzens auch das Augenlicht geschenkt. „Geh! Dein Glaube hat dir geholfen." Das im Glauben erleuchtete Herz öffnet uns auch die Augen für die Zeichen der Zeit, damit wir Christen sind – nach der Art Christi.

JESUS, du stärkst durch deine Wunder unsern Glauben. Sei gepriesen für deine Heilungen und dein Heil.

DIE LETZTEN TAGE JESU IN JERUSALEM

54. Tag: 11,1-11
Einzug Jesu in Jerusalem

Als sie in die Nähe von Jerusalem kamen, nach Betfage und Betanien am Ölberg, schickte er zwei seiner Jünger voraus. Er sagte zu ihnen: Geht in das Dorf, das vor euch liegt; gleich wenn ihr hineinkommt, werdet ihr einen jungen Esel angebunden finden, auf dem noch nie ein Mensch gesessen hat. Bindet ihn los, und bringt ihn her! Und wenn jemand zu euch sagt: Was tut ihr da?, dann antwortet: Der Herr braucht ihn; er lässt ihn bald wieder zurückbringen. Da machten sie sich auf den Weg und fanden außen an einer Tür an der Straße einen jungen Esel angebunden und sie banden ihn los. Einige, die dabeistanden, sagten zu ihnen: Wie kommt ihr dazu, den Esel loszubinden? Sie gaben ihnen zur Antwort, was Je-

sus gesagt hatte, und man ließ sie gewähren. Sie brachten den jungen Esel zu Jesus, legten ihre Kleider auf das Tier und er setzte sich darauf. Und viele breiteten ihre Kleider auf der Straße aus; andere rissen auf den Feldern Zweige (von den Büschen) ab und streuten sie auf den Weg. Die Leute, die vor ihm hergingen und die ihm folgten, riefen: Hosanna!

Gesegnet sei er, der kommt im Namen des Herrn! Gesegnet sei das Reich unseres Vaters David das nun kommt. Hosanna in der Höhe!

Und er zog nach Jerusalem hinein, in den Tempel; nachdem er sich alles angesehen hatte, ging er spät am Abend mit den Zwölf nach Betanien hinaus.

Jetzt wird es ernst! Jesus ist nämlich nicht nur ein Mann der großen Worte, sondern auch der großen Taten. Wer sich auf ihn einlässt, wer ihm nachfolgt, muss sich darauf gefasst machen, dass er seine Worte wahr macht. Der Messias lässt sich von keinem Menschen abhalten, den Willen des himmlischen Vaters zu erfüllen. Weder mit Lob, Heuchelei oder menschlich gut gemeinten Ratschlägen zur Mäßigung oder Diplomatie kann man ihn vom Weg abbringen. Man kann sich leicht vorstellen, dass die Nervosität in der Schar seiner Jünger vor dem Einzug in Jerusalem groß ist. Wir wird das Ganze enden? Werden die Römer den Herrn gleich beim Stadttor als Unruhestifter verhaften und mitsamt seinen Begleitern ins Gefängnis werfen? Als bestärkendes Zeichen seiner göttlichen Vollmacht dient für die Verzagten das „Eselwunder". Denn Jesus weiß offensichtlich, was nun kommen wird. Wohl auch deswegen lesen wir nichts davon, wie sich der Messias beim Einzug in die Heilige Stadt gefühlt hat, dem einzigen Megaevent der Evangelien, bei dem Tausende ihm zujubeln. Im grandiosen Film „Die Passion Christi" sieht man die Massen am Palmsonntag nur im Rückblick des geschundenen Herrn auf seinem Kreuzweg durch Jerusalem. Dieselben, die ihm heute noch als ihrem Helden „Hosanna" zurufen, werden fünf Tage später schreien: „Ans Kreuz mit ihm!"

JESUS, hosanna dir, dem König der Liebe und Wahrheit!

55. Tag: 11,12-19
Verfluchung eines Feigenbaumes; Tempelreinigung

Als sie am nächsten Tag Betanien verließen, hatte er Hunger. Da sah er von weitem einen Feigenbaum mit Blättern und ging hin, um nach Früchten zu suchen. Aber er fand an dem Baum nichts als Blätter; denn es war nicht die Zeit der Feigenernte. Da sagte er zu ihm: In Ewigkeit soll niemand mehr eine Frucht von dir essen. Und seine Jünger hörten es. Dann kamen sie nach Jerusalem. Jesus ging in den Tempel und begann, die Händler und Käufer aus dem Tempel hinauszutreiben; er stieß die Tische der Geldwechsler und die Stände der Taubenhändler um und ließ nicht zu, dass jemand irgendetwas durch den Tempelbezirk trug. Er belehrte sie und sagte: Heißt es nicht in der Schrift: Mein Haus soll ein Haus des Gebetes für alle Völker sein? Ihr aber habt daraus eine Räuberhöhle gemacht. Die Hohenpriester und die Schriftgelehrten hörten davon und suchten nach einer Möglichkeit, ihn umzubringen. Denn sie fürchteten ihn, weil alle Leute von seiner Lehre sehr beeindruckt waren. Als es Abend wurde, verließ Jesus mit seinen Jüngern die Stadt.

Die Worte Jesu erinnern an ähnliche Worte aus dem Alten Testament, z.B. Mi 7,1; Jer 8,13; Joel 1,7; Hos 9,10.16f. Der Feigenbaum steht für Israel, das keine (geistliche) Frucht hervorgebracht hat und deshalb seine Privilegien als Gottesvolk verliert. Für die Kirche als das „neue Israel" gilt für alle Zeiten die Warnung des Völkerapostels Paulus, der im Bild des Ölbaums sagt: „Sei daher nicht überheblich, sondern fürchte dich! Hat Gott die Zweige, die von Natur zum edlen Baum gehören, nicht verschont, so wird er auch dich nicht verschonen. Erkenne die Güte Gottes und seine Strenge! Die Strenge gegen jene, die gefallen sind, Gottes Güte aber gegen dich, sofern du in seiner Güte bleibst; sonst wirst auch du herausgehauen werden. Ebenso werden auch jene, wenn sie nicht am Unglauben fest halten, wieder eingepfropft werden; denn Gott hat die Macht, sie wieder einzupfropfen." (Röm 11,20-23)

Relativ leicht können uns die Bibelwissenschaftler erklären, warum Jesus nach Feigen sucht, obwohl es nicht die Zeit der Feigen ist. Die meisten Sorten bringen nämlich mindestens zwei Generationen von Früchten hervor. Relevant für unsere Geschichte sind die Frühjahrsfeigen, die am Holz des Vorjahres angelegt werden. Wenn der Winter mild war, können Sie im nächsten Frühjahr zu Ende reifen. Zwar sind diese als besonders wohlschmeckend geltenden Feigen erst im Mai/Juni ganz reif, doch kann man vereinzelte Frühfeigen wohl schon im März/April genießen, wenn nach dem Winter neue Blätter treiben. Jesus kann also durchaus die Hoffnung haben, einige Feigen zu finden, obwohl es noch nicht die Zeit der Feigen ist.

Da die Opfertiere (Ochsen, Schafe, Tauben) für den Tempelkult makellos sein mussten, wurden sie den Pilgern von dazu legitimierten Verkäufern angeboten. Geldwechsler und Geldwechsler tauschten die gebräuchlichen römischen Münzen in "Tyros", da nur diese keine Abbildungen von Menschen trugen und daher als Tempelwährung galten. So weit, so gut. Als Jesus im Jerusalemer Tempel (gemeint ist der auch den Heiden zugängliche Vorhof) die Händler und die Geldwechsler sitzen sieht, treibt er sie dennoch mit einer in der Geschichte dieses Gotteshauses einzigartigen Handlung hinaus. Die Tempelreinigung kann man unter anderem dahin gehend auslegen, dass Jesus durch eine prophetische Zeichenhandlung den wahren Tempelkult wiederherstellen, die Zerstörung des jetzigen Tempels anzeigen oder die wirtschaftliche Macht der Tempelaristokratie in Frage stellen will.

JESUS, du willst die Anbetung Gottes. Gepriesen sei dein Vater!

56. Tag: 11,20-25
Vom Glauben

Als sie am nächsten Morgen an dem Feigenbaum vorbeikamen, sahen sie, dass er bis zu den Wurzeln verdorrt war. Da erinnerte sich Petrus und sagte zu Jesus: Rabbi, sieh doch, der Feigenbaum, den du verflucht hast, ist verdorrt. Jesus sagte zu ihnen: Ihr müsst Glauben an Gott haben. Amen, das sage ich euch: Wenn jemand zu

diesem Berg sagt: Heb dich empor und stürz dich ins Meer!, und wenn er in seinem Herzen nicht zweifelt, sondern glaubt, dass geschieht, was er sagt, dann wird es geschehen. Darum sage ich euch: Alles, worum ihr betet und bittet - glaubt nur, dass ihr es schon erhalten habt, dann wird es euch zuteil. Und wenn ihr beten wollt und ihr habt einem anderen etwas vorzuwerfen, dann vergebt ihm, damit auch euer Vater im Himmel euch eure Verfehlungen vergibt.

„Alles, worum ihr betet und bittet – glaubt nur, dass ihr es schon erhalten habt, dann wird es euch zuteil." Wenn man etwas von Gott erhält, dann dankt man. Mit diesem besonderen Ausspruch lädt Jesus jedoch dazu ein, schon im Voraus daran zu glauben, dass man etwas erhalten hat und dafür auch schon im Voraus zu danken, dann wird es tatsächlich zuteil. Probieren Sie es einfach mal aus, ich habe durch dieses Wort Jesu tiefere Dimensionen des Glaubens kennen gelernt: Vertrauen in die unendlichen Möglichkeiten Gottes, in seine Allmacht und Liebe. Im Grunde ist es ganz einfach, Gott ist Gott, und bei ihm ist alles möglich. Wir Menschen bitten ihn jedoch oftmals um etwas, ohne damit zu rechnen, dass es tatsächlich geschehen wird. Aus Angst vor Enttäuschungen, aus Bequemlichkeit oder aus schlichtem Unglauben heraus, wird eine Bitte formuliert, ohne Vertrauen in den Angesprochenen. Einen Dank im Voraus auszusprechen ist eine viel größere Herausforderung, da hier deutlicher wird, ob ich wirklich will, dass der darin enthaltene Wunsch in Erfüllung geht. Wie sehr freut sich der himmlische Vater, wenn seine geliebten Kinder ihm vertrauen, wie gerne erhört er unsere sinnvollen Gebete, wie mächtig ist seine Hilfe, die er uns jederzeit anbietet!

JESUS, ich will täglich beten und fest an die Erhörung glauben.

57. Tag: 11,27-33
Frage nach der Vollmacht Jesu

Sie kamen wieder nach Jerusalem. Als er im Tempel umherging, kamen die Hohenpriester, die Schriftgelehrten und die Ältesten zu

ihm und fragten ihn: Mit welchem Recht tust du das alles? Wer hat dir die Vollmacht gegeben, das zu tun? Jesus sagte zu ihnen: Zuerst will ich euch eine Frage vorlegen. Antwortet mir, dann werde ich euch sagen, mit welchem Recht ich das tue. Stammte die Taufe des Johannes vom Himmel oder von den Menschen? Antwortet mir! Da überlegten sie und sagten zueinander: Wenn wir antworten: Vom Himmel!, so wird er sagen: Warum habt ihr ihm dann nicht geglaubt? Sollen wir also antworten: Von den Menschen? Sie fürchteten sich aber vor den Leuten; denn alle glaubten, dass Johannes wirklich ein Prophet war. Darum antworteten sie Jesus: Wir wissen es nicht. Jesus erwiderte: Dann sage auch ich euch nicht, mit welchem Recht ich das alles tue.

Wir finden hier einen Klassiker zum Thema: „Hinterhältige Fragen von Menschen und göttliche Antworten Jesu". Fragen mit Gegenfragen zu beantworten ist eine gebräuchliche Form des jüdischen (Streit-) Gesprächs. In der Beratung untereinander erwägen die Pharisäer ihre Antwortmöglichkeiten, die beide zu ihrem Schaden sind. Die Gegenfrage Jesu ist so genial formuliert, dass sie die heuchlerischen Fragenden in genau dasselbe Dilemma stürzt, dass sie „gegraben" hatten, um einen Grund zur Anklage gegen ihn zu haben. Dazu passend stehen berühmte Worte in der Bibel, im Buch der Sprichwörter Kapitel 26, Vers 27 und 28 lesen wir: „Wer eine Grube gräbt, fällt selbst hinein, wer einen Stein hochwälzt, auf den rollt er zurück. Eine verlogene Zunge führt zum Zusammenbruch, ein heuchlerischer Mund verursacht den Sturz."

JESUS, danke für die Gnade der Taufe. Es bin Gottes Kind!

Markus Kapitel 12

Einleitung

Vor 120 Jahren hat der protestantische Theologe Martin Kähler einen Begriff geprägt, der zur klassischen Definition des Markusevangeliums geworden ist: Er nannte es eine „Passionsgeschichte mit ausführlicher Einleitung". Wir sind nun an der Nahtstelle angelangt, an dem Gelenk, das die „ausführliche Einleitung" mit dem eigentlichen Evangelium vom Leiden, Sterben und Auferstehen Jesu Christi verbindet. Das schlägt sich auch in der Dramaturgie und Dramatik der Evangeliumstexte nieder: Der Ton zwischen Jesus und seinen Widersachern wird schärfer, und zwar von beiden Seiten. Geradezu ein Paukenschlag ist die prophetische Tempelreinigung Jesu, bei der er die Händler, Geldwechsler und Kunden aus dem geheiligten Gebetshaus seines Vaters vertreibt. Im Gegenzug suchen von diesem Moment an die Hohenpriester und Schriftgelehrten nach der Möglichkeit, Christus zu töten (Mk 11,15-19).

Es ist kein Zufall, dass sich die Auseinandersetzung in Jerusalem zuspitzt, in jener Stadt mit dem Zionsberg, auf dem der Tempel steht, den Gott „zu seinem Wohnsitz erkoren" hat: „Das ist für immer der Ort meiner Ruhe, hier will ich wohnen, ich hab ihn erkoren" (Ps 132,13-14). Doch diese Stadt der „Ruhe Gottes", in der Er verweilt und sich in bevorzugter Weise finden lässt, ist zugleich die Stadt, welche „die Propheten tötet und die Boten steinigt, die zu ihr gesandt sind" (vgl. Mt 23,37). Froh ist die Botschaft vom angebrochenen Königtum Gottes eben nur für diejenigen Menschen, die beten: „Dein Wille geschehe!" Wo dagegen des Menschen Wille sein Himmelreich ist, wird die Frohbotschaft tatsächlich als Drohbotschaft empfunden; als erster hat das König Herodes blutig unter Beweis gestellt. Und so steuert das nun folgende 12. Kapitel des Markusevangeliums unaufhaltsam auf den ultimativen Konflikt zu, der vordergründig zwischen Jesus und seinen Gegnern in Jerusalem ausgetragen wird, tatsächlich aber den gesamten Kosmos betrifft: „Tod und Leben, die kämpften unbegreiflichen Zweikampf; des Lebens Fürst, der starb, herrscht nun lebend", singt die Kirche am Ostertag.

58. Tag: 12,1-12
Gleichnis von den bösen Winzern

Jesus begann zu ihnen (wieder) in Form von Gleichnissen zu reden. (Er sagte:) Ein Mann legte einen Weinberg an, zog ringsherum einen Zaun, hob eine Kelter aus und baute einen Turm. Dann verpachtete er den Weinberg an Winzer und reiste in ein anderes Land. Als nun die Zeit dafür gekommen war, schickte er einen Knecht zu den Winzern, um bei ihnen seinen Anteil an den Früchten des Weinbergs holen zu lassen. Sie aber packten und prügelten ihn und jagten ihn mit leeren Händen fort. Darauf schickte er einen anderen Knecht zu ihnen; auch ihn misshandelten und beschimpften sie. Als er einen dritten schickte, brachten sie ihn um. Ähnlich ging es vielen anderen; die einen wurden geprügelt, die andern umgebracht. Schließlich blieb ihm nur noch einer: sein geliebter Sohn. Ihn sandte er als letzten zu ihnen, denn er dachte: Vor meinem Sohn werden sie Achtung haben. Die Winzer aber sagten zueinander: Das ist der Erbe. Auf, wir wollen ihn töten, dann gehört sein Erbgut uns. Und sie packten ihn und brachten ihn um und warfen ihn aus dem Weinberg hinaus. Was wird nun der Besitzer des Weinbergs tun? Er wird kommen und die Winzer töten und den Weinberg anderen geben. Habt ihr nicht das Schriftwort gelesen:

Der Stein, den die Bauleute verworfen haben,
er ist zum Eckstein geworden;
das hat der Herr vollbracht,
vor unseren Augen geschah dieses Wunder?

Daraufhin hätten sie Jesus gern verhaften lassen; aber sie fürchteten die Menge. Denn sie hatten gemerkt, dass er mit diesem Gleichnis sie meinte. Da ließen sie ihn stehen und gingen weg.

Manchmal spricht man am deutlichsten, indem man eine verhüllende, bildhafte Rede benutzt. Der fromme Israelit jedenfalls wusste sofort, wen

Jesus meinte, als er vom Weinberg – unter den klimatischen Bedingungen Israels handelt es sich oft um einen terrassenförmig angelegten Weingarten – und dessen Herrn sprach: „Ja, der Weinberg des Herrn der Heere ist das Haus Israel" (Jes 5,7).

Gott gibt sich besondere Mühe mit seinem „Weingarten", er umzäunt ihn, rüstet ihn mit allem Notwendigen aus und verpachtet ihn, damit er Frucht bringen kann. Aber die Pächter (die Führer Israels) wollen das, was ihnen lediglich für Lohn zur Bebauung anvertraut ist, gegen den Willen des Herrn ganz an sich reißen. Als nun der Herr des Weinbergs (Gott) einen Knecht (einen Propheten) schickt, um seinen Anteil zu erhalten, wird dieser misshandelt und hinausgeworfen. Den folgenden Propheten ergeht es genauso und schlimmer. Den geliebten Sohn des Herrn schließlich (Jesus Christus), dem doch besondere Achtung gebührt hätte, bringen die Pächter gezielt um in der Hoffnung, der Weinberg gehöre ihnen, wenn der Erbe tot sei. Dann erst wird im Ausblick angekündigt, was Gott der Herr schon zu Beginn hätte tun können, worauf er in seiner Langmut aber zunächst verzichtete: Er wird – mit Heeresmacht, wie unausgesprochen mitgesagt ist – kommen, die treulosen und verbrecherischen Führer des Volkes töten und den Weingarten (das Gottesvolk) anderen anvertrauen. Mit einem Psalmenwort, das in dieselbe Richtung weist wie die Erzählung (118,22-23), beendet Jesus sein Gleichnis. Und die Hohenpriester und Schriftgelehrten, die erwartungsgemäß sehr genau verstanden haben, dass niemand anderem als ihnen selbst diese Drohung gilt, gehen fort: ohne Widerrede, aber auch ohne Einsicht.

JESUS, hilf uns, auf deine Diener heute zu hören.

59. Tag: 12,13-17
Frage nach der kaiserlichen Steuer

Einige Pharisäer und einige Anhänger des Herodes wurden zu Jesus geschickt, um ihn mit einer Frage in eine Falle zu locken. Sie kamen zu ihm und sagten: Meister, wir wissen, dass du immer die

Wahrheit sagst und dabei auf niemand Rücksicht nimmst; denn du siehst nicht auf die Person, sondern lehrst wirklich den Weg Gottes. Ist es erlaubt, dem Kaiser Steuer zu zahlen, oder nicht? Sollen wir sie zahlen oder nicht zahlen? Er aber durchschaute ihre Heuchelei und sagte zu ihnen: Warum stellt ihr mir eine Falle? Bringt mir einen Denar, ich will ihn sehen. Man brachte ihm einen. Da fragte er sie: Wessen Bild und Aufschrift ist das? Sie antworteten ihm: Des Kaisers. Da sagte Jesus zu ihnen: So gebt dem Kaiser, was dem Kaiser gehört, und Gott, was Gott gehört! Und sie waren sehr erstaunt über ihn.

Nun sind Jesu Gegner am Zug: Sie senden Pharisäer und Anhänger des Herodes (des Großen sowie seiner Familie) aus, um Jesus in eine Falle zu locken, die wir unter unseren heutigen Verhältnissen kaum noch verstehen. Auch gut 2000 Jahre nach Christi Geburt zahlen die wenigsten gerne Steuern – aber inwiefern ist die Frage eine Falle? Weil man sie im Israel der Zeit Jesu eigentlich nur falsch beantworten kann. Würde Jesus „Nein" sagen, dann könnte man ihn bei den Römern der Steuerverweigerung und damit des Aufruhrs anklagen. Sagt er „Ja", steht er als Unterstützer der verhassten Besatzungsmacht da und letztlich sogar als Gotteslästerer, weil dem „Bild des Kaisers" im Rahmen des römischen Kaiserkults sogar göttliche Verehrung zuteil wird. Tatsächlich sagt Christus „immer die Wahrheit, nimmt dabei auf niemanden Rücksicht, sieht nicht auf die Person, sondern lehrt wirklich den Weg Gottes", wie die Fragesteller heuchlerisch, aber vielleicht auch mit widerwilliger Anerkennung sagen. Gerade deshalb jedoch schwebt er nun in höchster Gefahr.

Aber wieder einmal zeigt sich Jesus als der Überlegene: Er lässt sich eine Münze bringen und sagt nicht selbst, sondern lässt sie sagen, wessen Bild darauf ist: das des Kaisers. Dabei nutzt er die allgemein anerkannte Tatsache, dass sich das Gebiet eines Herrschers so weit erstreckt wie die Gültigkeit seiner Münzen. So dokumentiert der Denar in den Händen der Gegner Jesu einen anerkannten Herrschaftsanspruch des römischen Kaisers.

„Gebt dem Kaiser, was dem Kaiser gehört, und Gott, was Gott gehört!" Allenfalls auf den ersten Blick legt dieser Satz das Fundament für eine schiedlich-friedliche Trennung göttlicher und kaiserlicher Ansprüche. Denn was könnte dem Kaiser gehören, was nicht auch – und zunächst! – Gott gehört? Aber Jesus schafft durch diesen Satz innerhalb des unbeschränkten und unumgrenzten Königtums Gottes einen Freiraum für die Selbstbestimmung des Menschen, die so lange legitim ist, wie sie inspiriert ist von dem Wissen, dass sie allein von Gott kommt und ermöglicht wird. In eben diesem Sinne sagt das Zweite Vatikanische Konzil, dass unsere irdische Wirklichkeit ihre eigene Wahrheit und ihre eigenen Ordnungen besitzt, die es zu achten gilt. Fatal wäre es dagegen, so fährt das Konzil fort, wenn man vergäße, dass die geschaffenen Dinge von Gott abhängen und ohne ihn ins Nichts sinken (Pastoralkonstitution 36).

JESUS, ich will gerne Gott alles geben, was Ihm gehört!

60. Tag: 12,18-27
Frage nach der Auferstehung der Toten

Von den Sadduzäern, die behaupten, es gebe keine Auferstehung, kamen einige zu Jesus und fragten ihn: Meister, Mose hat uns vorgeschrieben: Wenn ein Mann, der einen Bruder hat, stirbt und eine Frau hinterlässt, aber kein Kind, dann soll sein Bruder die Frau heiraten und seinem Bruder Nachkommen verschaffen. Es lebten einmal sieben Brüder. Der erste nahm sich eine Frau, und als er starb, hinterließ er keine Nachkommen. Da nahm sie der zweite; auch er starb, ohne Nachkommen zu hinterlassen, und ebenso der dritte. Keiner der sieben hatte Nachkommen. Als letzte von allen starb die Frau. Wessen Frau wird sie nun bei der Auferstehung sein? Alle sieben haben sie doch zur Frau gehabt. Jesus sagte zu ihnen: Ihr irrt euch, ihr kennt weder die Schrift noch die Macht Gottes. Wenn nämlich die Menschen von den Toten auferstehen, werden sie nicht mehr heiraten, sondern sie werden sein wie die Engel im Himmel.

Dass aber die Toten auferstehen, habt ihr das nicht im Buch des Mose gelesen, in der Geschichte vom Dornbusch, in der Gott zu Mose spricht: Ich bin der Gott Abrahams, der Gott Isaaks und der Gott Jakobs? Er ist doch nicht ein Gott von Toten, sondern von Lebenden. Ihr irrt euch sehr.

Pharisäer und Anhänger des Herodes sind geschlagen, aber Jesu Gegner geben nicht auf: Als nächste werden die Sadduzäer ins Feld geführt, vermutlich Angehörige des Priesteradels am Jerusalemer Tempel. Wir wissen nicht viel über sie, wohl aber, dass sie für gewöhnlich im Widerstreit zu den Pharisäern standen; umso erstaunlicher, dass beide Gruppen sich nun indirekt gegen Jesus verbünden. Auch in der nun folgenden Frage nach der Auferstehung zeichnet sich ein deutlicher Unterschied zwischen den beiden Gruppierungen ab: „Die Sadduzäer behaupten nämlich, es gebe weder eine Auferstehung noch Engel noch Geister, die Pharisäer dagegen bekennen sich zu all dem" (Apg 23,8).

So liegt es nahe, dass die Sadduzäer Jesus bei seiner Verkündigung der Auferstehung packen und ihn damit lächerlich machen wollen. Sie legen ihm die Geschichte von einer Frau vor, deren Mann kinderlos starb. Im Gehorsam gegenüber der Tora, der Weisung Israels, gehen nun nacheinander alle sechs Brüder des Verstorbenen die sogenannte „Leviratsehe" (lateinisch levir = Schwager, Bruder des Ehemannes) mit der Frau ein, um (gewissermaßen für ihren Bruder) Nachkommen zu zeugen - aber vergeblich. Als Quintessenz dieser bewusst grotesk konstruierten Situation wird nun die Frage gestellt, wessen Gattin die Frau nach der Auferstehung sein werde.

Was die Sadduzäer hier vorbringen, um Christi Botschaft von der Auferstehung als unmöglich oder sogar als lächerlich erscheinen zu lassen, gerät ihnen durch Jesu Reaktion zum Zeugnis eigener Unwissenheit, ja schlimmer noch: ihres Mangels an Vertrauen in Gottes Macht. Gewiss: Die Sadduzäer können sich darauf berufen, dass die Heiligen Schriften des Alten Testamentes, insbesondere die fünf Bücher Mose, eine Auferstehung der Toten fast nie erwähnen. Sozusagen als frühe Vorläufer der Reformatoren lassen die Sadduzäer „die Schrift allein" gelten; so aber schneiden sie

diese von jeder weiteren, lebendigen Entwicklung ab, von einem Erkenntnisfortschritt, wie er sich beispielsweise in der mündlichen Tradition vollzieht.

Und wer wäre besser dazu geeignet, Gottes Wort mit Vollmacht weiterzuführen, als der Gottessohn? „Gott ist doch nicht ein Gott von Toten, sondern von Lebenden": Das sagte schon das Alte Testament, aber eben mit dem Vorzeichen, dass Gott an die Toten nicht mehr denke, „denn sie sind deiner Hand entzogen" (Psalm 88,6). Mit der Vollmacht des Sohnes zeigt Christus nun, dass dieser Satz genau umgekehrt zu verstehen ist: „Gott ist doch nicht ein Gott von Toten, sondern von Lebenden": Darum wird keiner, der in Gottes Hand ruht, in der Gewalt des Todes bleiben. Einst hat Gott das Volk Israel aufgefordert: „Leben und Tod lege ich dir vor, Segen und Fluch. Wähle also das Leben, damit du lebst, du und deine Nachkommen" (Deuteronomium 30,19). Dieses Geschenk des Lebens wird uns unendlich reichlicher zuteil, als selbst das Gottesvolk zunächst erwartet hatte.

Denjenigen dagegen, die meinen, das Leben in Fülle, das Gott uns schenken will, in die engen irdischen, diesseitigen Maßstäbe einschließen zu können, ruft Jesus selbst zu: „Ihr irrt euch sehr!" Der Katechismus der Katholischen Kirche weist in diesem Zusammenhang darauf hin, dass der Zölibat auch ein Zeichen dafür ist, dass unser Leben uns einmal in neuer, verklärter Form wiedergeschenkt wird: „Die Jungfräulichkeit um des Himmelreiches willen ist eine Entfaltung der Taufgnade, ein mächtiges Zeichen des Vorrangs der Verbindung mit Christus, des sehnsüchtigen Harrens auf seine Wiederkunft, ein Zeichen, das auch daran erinnert, dass die Ehe der Weltzeit angehört, die vorübergeht [Vgl. Mk 12,25; 1 Kor 7,31]" (n. KKK 1619).

JESUS, ich glaube an die Auferstehung, stärke den Glauben.

61. Tag: 12,28-34
Das wichtigste Gebot

Ein Schriftgelehrter hatte ihrem Streit zugehört; und da er bemerkt hatte, wie treffend Jesus ihnen antwortete, ging er zu ihm

hin und fragte ihn: Welches Gebot ist das erste von allen? Jesus antwortete: Das erste ist: Höre, Israel, der Herr, unser Gott, ist der einzige Herr. Darum sollst du den Herrn, deinen Gott, lieben mit ganzem Herzen und ganzer Seele, mit all deinen Gedanken und all deiner Kraft. Als zweites kommt hinzu: Du sollst deinen Nächsten lieben wie dich selbst. Kein anderes Gebot ist größer als diese beiden. Da sagte der Schriftgelehrte zu ihm: Sehr gut, Meister! Ganz richtig hast du gesagt: Er allein ist der Herr, und es gibt keinen anderen außer ihm, und ihn mit ganzem Herzen, ganzem Verstand und ganzer Kraft zu lieben und den Nächsten zu lieben wie sich selbst, ist weit mehr als alle Brandopfer und anderen Opfer. Jesus sah, dass er mit Verständnis geantwortet hatte, und sagte zu ihm: Du bist nicht fern vom Reich Gottes. Und keiner wagte mehr, Jesus eine Frage zu stellen.

Nicht jedes Gespräch, das Jesus in dieser letzten Phase seines Erdenwirkens führt, ist von Kampf und Auseinandersetzung bestimmt. Der Katechismus erwähnt, dass Jesus einzelne Pharisäer lobt, „z. B. den Schriftgelehrten in Mk 12,34" (n. KKK 575). In der Darstellung des Evangelisten Markus ist dieser Schriftgelehrte schlichtweg beeindruckt von Jesus und hofft darauf, dass dieser ihm eine Frage beantwortet, die ihn offensichtlich sehr bewegt: die nach dem wichtigsten Gebot.

Das ist keine einfache Frage, wenn man bedenkt, dass die Weisung Israels nicht nur die berühmten 10 Gebote umfasst, sondern aus insgesamt 613 Ge- und Verboten besteht. Christi Antwort könnte man als religionspolitisch klug deuten: In der Tat macht es ja Israels Eigenart und Identität aus, dass es sich inmitten von Völkern und Hochkulturen, die mehrere Götter verehren, zu dem einen und einzigen Gott bekennt. Auch das Gebot der Nächstenliebe, das Jesus dem der Gottesliebe zur Seite stellt, ist dazu angetan, die Gesellschaft zu stabilisieren. Und doch würden wir das eigentliche Herzensanliegen Jesu weit verfehlen, wollten wir seine Motive auf solche „taktischen" Überlegungen begrenzen. Christus beantwortet die Frage des Schriftgelehrten mit dem Verweis auf Liebe - und nochmals Liebe. Mit all seinen Worten, Taten, ja

mit seiner ganzen Existenz führt der Gottessohn den Menschen vor Augen, wie sehr Gott der Vater sie liebt und wie man diese Liebe mit kindlichem, grenzenlosem Vertrauen erwidert. Die gesamte Bergpredigt, die uns der Evangelist Matthäus überliefert, gewinnt genau daraus ihre „Radikalität", dass sie uns zu unbedingtem, vorbehaltlosen Vertrauen auf die Liebe Gottes auffordert.

Nicht zuerst durch theologische Schreibstubengelehr-samkeit wird der Mensch selig, sondern dadurch, dass er Gottes Liebe in sich aufnimmt, sie erwidert und zugleich an seine Mitmenschen weitergibt. Das lehrt und lebt Christus, und der Schriftgelehrte lässt sich ganz offensichtlich von dieser Begeisterung anstecken: „Sehr gut, Meister!". Und Jesus seinerseits lobt den wissbegierigen Schriftgelehrten, dem es nicht nur um den Buchstaben geht, sondern um den Geist: „Du bist nicht fern vom Reich Gottes". Dieses Lob, das eine ungeheure Verheißung von Seligkeit in sich birgt, dürfen wir übrigens auch ganz konkret auf die Kirche beziehen: Nach dem Zeugnis der Apostelgeschichte gab es dort schon früh „einige aus dem Kreis der Pharisäer, die gläubig geworden waren" (Apg 15,5). Jesus selbst vergleicht „jede[n] Schriftgelehrte[n] ..., der ein Jünger des Himmelreichs geworden ist", mit „einem Hausherrn, der aus seinem reichen Vorrat Neues und Altes hervorholt" (Mt 13,52).

JESUS, ich bitte um den Hl. Geist, damit ich lieben kann.

62. Tag: 12,35-37a
Die Frage nach dem Messias

Als Jesus im Tempel lehrte, sagte er: Wie können die Schriftgelehrten behaupten, der Messias sei der Sohn Davids? Denn David hat, vom Heiligen Geist erfüllt, selbst gesagt: Der Herr sprach zu meinem Herrn: Setze dich mir zur Rechten und ich lege dir deine Feinde unter die Füße. David selbst also nennt ihn «Herr». Wie kann er dann Davids Sohn sein?

Christus hat sich als überlegen und souverän erwiesen: Da, wo man ihn in eine Falle locken will, wo man ihn der Lächerlichkeit preiszugeben versucht, und sogar noch da, wo er mit einem ernsten, tiefen geistlichen Problem konfrontiert wird. Nun ist es wiederum an ihm, in die Offensive zu gehen. Das tut er, indem er in der für die Schriftgelehrten typischen Art und Weise ein Lehrproblem aufwirft: Ist der Messias – der verheißene Heilsbringer Gottes – nun Davids Sohn oder dessen Herr?

Dahinter steht die große alttestamentliche Heilsverheißung Gottes an David: „Nun verkündet dir der Herr, dass der Herr dir ein Haus [in diesem Zusammenhang bedeutet das: Familie, Nachkommenschaft] bauen wird. Wenn deine Tage erfüllt sind und du dich zu deinen Vätern legst, werde ich deinen leiblichen Sohn als deinen Nachfolger einsetzen und seinem Königtum Bestand verleihen. Er wird für meinen Namen ein Haus [den Jerusalemer Tempel] bauen und ich werde seinem Königsthron ewigen Bestand verleihen. Ich will für ihn Vater sein und er wird für mich Sohn sein. Wenn er sich verfehlt, werde ich ihn nach Menschenart mit Ruten und mit Schlägen züchtigen. Meine Huld aber soll nicht von ihm weichen, wie sie von Saul gewichen ist, den ich vor deinen Augen verstoßen habe. Dein Haus und dein Königtum sollen durch mich auf ewig bestehen bleiben; dein Thron soll auf ewig Bestand haben" (2 Sam 7,11-16). Auch in den Psalmen, die dem vom Geist erfüllten König David selbst zugeschrieben werden, schlägt sich diese Verheißung nieder, etwa in Psalm 110, den Jesus hier zitiert, oder in Psalm 2: „«Ich selber habe meinen König eingesetzt auf Zion, meinem heiligen Berg.» Den Beschluss des Herrn will ich kundtun. Er sprach zu mir: «Mein Sohn bist du. Heute habe ich dich gezeugt. Fordre von mir und ich gebe dir die Völker zum Erbe, die Enden der Erde zum Eigentum»" (V 6-8).

Der Widerspruch besteht also nur scheinbar, nicht wirklich: Als Träger der Heilsverheißung Gottes an David ist der Messias Sohn Davids, leiblicher Nachkomme. Aber schon durch Gottes Erwählung rückt dieser Messias an Gott heran, so dass man ihn mit Fug und Recht „Herr" nennen kann. Endgültig ist diese Ehrfurcht am Platz, wenn man weiß, dass Gott nicht nur einen Heilsbringer gesandt hat, sondern Jesus Christus, seinen wesensglei-

chen Sohn. Besonders schön und prägnant formuliert es wieder einmal der heilige Apostel Paulus. In seinem Brief an die Römer verkündet er „das Evangelium von seinem [Gottes] Sohn, der dem Fleisch nach geboren ist als Nachkomme Davids, der dem Geist der Heiligkeit nach eingesetzt ist als Sohn Gottes in Macht seit der Auferstehung von den Toten, das Evangelium von Jesus Christus, unserem Herrn" (1,3-4).

JESUS, du bist Davids und Gottes Sohn. Ich preise dich.

63. Tag: 12,37b-40
Worte gegen die Schriftgelehrten

Es war eine große Menschenmenge versammelt und hörte ihm mit Freude zu. Er lehrte sie und sagte: Nehmt euch in Acht vor den Schriftgelehrten! Sie gehen gern in langen Gewändern umher, lieben es, wenn man sie auf den Straßen und Plätzen grüßt, und sie wollen in der Synagoge die vordersten Sitze und bei jedem Festmahl die Ehrenplätze haben. Sie bringen die Witwen um ihre Häuser und verrichten in ihrer Scheinheiligkeit lange Gebete. Aber um so härter wird das Urteil sein, das sie erwartet.

Hier wird es schwierig – gerade für einen katholischen Geistlichen. Was hat Jesus denn gegen lange Gewänder und Gebete oder Sitze einzuwenden? Müssen wir also auf geistliche und liturgische Gewänder verzichten, auch auf die besonderen Priestersitze in unseren Kirchen, und darüber hinaus die Praxis des „Ewigen Gebetes" beenden?

Eine solche Reaktion wäre dem Äußeren ebenso verhaftet wie das Verhalten der Schriftgelehrten, das Christus kritisiert. Wenn Geistliche ihren Stand durch ihre Kleidung oder auch ihren Platz während des Gottesdienstes anzeigen, dann tun sie dies, um zu dienen. Es soll deutlich werden, dass die jeweilige Person geradezu „verschwindet", sodass Christus, den der Priester vergegenwärtigt, ganz in den Vordergrund tritt. Wer dagegen nicht

dienen, sondern herrschen will, wer es auf öffentliches Ansehen und auf Einfluss absieht, der verdreht den Sinn solcher äußerer Zeichen des geistlichen Standes. Gerade der Schriftgelehrte, der sich intensiv mit Gottes Wort und Weisung befasst, soll doch ganz von seinem Dienst geprägt sein! Nicht menschliche Privilegien sind sein Lohn; seine Ehre besteht in dem vertrauten Umgang mit Gott und der Kenntnis seines Willens. Fast schon mörderisch wird das „veräußerlichte" Verhalten der Schriftgelehrten, wenn sie den Schwächsten im Lande – den Witwen, denen es am Schutz ihres Ehemannes fehlt – nach außen hin ihre Hilfe gewähren, sich diese aber so hoch entlohnen lassen, dass sie die Witwen um ihr Vermögen bringen. Schon der Prophet Jesaja drohte denjenigen den Zorn Gottes selbst an, die alles tun, „um die Schwachen vom Gericht fern zu halten und den Armen meines Volkes ihr Recht zu rauben, um die Witwen auszubeuten und die Waisen auszuplündern" (10,2).

JESUS, bewahre mich vor aller religiösen Scheinheiligkeit.

64. Tag: 12,41-44
Das Opfer der Witwe

Als Jesus einmal dem Opferkasten gegenübersaß, sah er zu, wie die Leute Geld in den Kasten warfen. Viele Reiche kamen und gaben viel. Da kam auch eine arme Witwe und warf zwei kleine Münzen hinein. Er rief seine Jünger zu sich und sagte: Amen, ich sage euch: Diese arme Witwe hat mehr in den Opferkasten hineingeworfen als alle andern. Denn sie alle haben nur etwas von ihrem Überfluss hergegeben; diese Frau aber, die kaum das Nötigste zum Leben hat, sie hat alles gegeben, was sie besaß, ihren ganzen Lebensunterhalt.

In einem beschämenden Kontrast zu dem eigensüchtigen Verhalten der Schriftgelehrten steht das selbstlose Opfer der Witwe, die Münzen, die diese in den am Tempel angebrachten Opferkasten wirft. Dass die gespendete

Summe als verschwindend gering erscheint, ist für Jesus völlig bedeutungslos. Als entscheidend bezeichnet er allein, dass diese Frau ihren ganzen Lebensunterhalt opferte. Auf Vergünstigungen und Ansehen kann sie dadurch nicht hoffen – nur auf den sprichwörtlichen „Gotteslohn". Und genau das ist das Ausschlaggebende für Christus (und damit auch für die Christen): sich ganz auf Gott, den liebenden Vater zu verlassen, und mit diesem Gottvertrauen Ernst zu machen bis in die äußersten Konsequenzen hinein. So wird es Jesus nun auch selbst tun: Sein weiterer Weg führt ihn ans Kreuz, wo er das rückhaltlose Opfer der Witwe nochmals übertrifft: Im grenzenlosen Vertrauen auf den Vater gibt er nicht nur seinen Lebensunterhalt hin für uns, sondern sein Leben selbst.

JESUS, ich will auf die Vorsehung des Vaters vertrauen.

DIE REDE ÜBER DIE ENDZEIT

65. Tag: 13,1-13
Zerstörung des Tempels; Vom Anfang der Not

Als Jesus den Tempel verließ, sagte einer von seinen Jüngern zu ihm: Meister, sieh, was für Steine und was für Bauten! Jesus sagte zu ihm: Siehst du diese großen Bauten? Kein Stein wird auf dem andern bleiben, alles wird niedergerissen. Und als er auf dem Ölberg saß, dem Tempel gegenüber, fragten ihn Petrus, Jakobus, Johannes und Andreas, die mit ihm allein waren: Sag uns, wann wird das geschehen, und an welchem Zeichen wird man erkennen, dass das Ende von all dem bevorsteht? Jesus sagte zu ihnen: Gebt Acht, dass euch niemand irreführt! Viele werden unter meinem Namen auftreten und sagen: Ich bin es! Und sie werden viele irreführen. Wenn ihr dann von Kriegen hört und Nachrichten über Kriege euch beunruhigen, lasst euch nicht erschrecken! Das muss geschehen.

Es ist aber noch nicht das Ende. Denn ein Volk wird sich gegen das andere erheben und ein Reich gegen das andere. Und an vielen Orten wird es Erdbeben und Hungersnöte geben. Doch das ist erst der Anfang der Wehen. Ihr aber, macht euch darauf gefasst: Man wird euch um meinetwillen vor die Gerichte bringen, in den Synagogen misshandeln und vor Statthalter und Könige stellen, damit ihr vor ihnen Zeugnis ablegt. Vor dem Ende aber muss allen Völkern das Evangelium verkündet werden. Und wenn man euch abführt und vor Gericht stellt, dann macht euch nicht im voraus Sorgen, was ihr sagen sollt; sondern was euch in jener Stunde eingegeben wird, das sagt! Denn nicht ihr werdet dann reden, sondern der Heilige Geist. Brüder werden einander dem Tod ausliefern und Väter ihre Kinder, und die Kinder werden sich gegen ihre Eltern auflehnen und sie in den Tod schikken. Und ihr werdet um meines Namens willen von allen gehasst werden; wer aber bis zum Ende standhaft bleibt, der wird gerettet.

Das 13. Kapitel des Markusevangeliums ist eingebettet in die Erzählung der Ereignisse zwischen dem Palmsonntag und dem letzten Abendmahl. Am Abend des dritten Tages nach seinem Einzug in Jerusalem bestaunt einer der Schüler die Großartigkeit des Tempels, der zu den sieben Weltwundern der Antike zählte. Was für Steine und was für Bauten! Diese Aussage steht im Gegensatz zur vorher erzählten Geschichte von der armen Witwe, die ihr letztes Geld dem Tempel spendet. Mit diesen gespendeten Geldern wurde der Tempel ausgebaut und erhalten. Die Antwort Jesu, dass kein Stein auf den anderen bleiben wird, hat mehrfache Bedeutung. Historisch wird die tatsächliche Zerstörung des Tempels um 70 n.Chr und 130 n.Chr. angekündigt. Es ist aber auch gleichzeitig eine Warnung, sich nicht von einer weltlich sichtbaren Machtentfaltung durch große Gebäude allzu sehr beeindrucken zu lassen: Gott ist größer als die Steine und das Bauwerk des Tempels. Da die Prachtentfaltung des Tempels in einem offensichtlichen Gegensatz zur armen Witwe und ihrem Opfer stand, ist es auch eine Warnung, die Armen im Schatten großer kirchlicher Bauten nicht aus den Augen zu verlieren. Eine weitere, noch tiefergehende Deutung dieses Ausspruches finden wir dann ergänzend und erklärend im Johannesevan-

gelium, dort allerdings in einem anderen Erzählzusammenhang gestellt: Er aber meinte den Tempel seines Leibes.

Am Abend des gleichen Tages setzte sich Jesus auf dem Ölberg, dem Tempel gegenüber. Noch heute kann man von dort den herrlichen, beeindruckenden Blick auf die Überreste des Felsendomes genießen – zurzeit Jesu sicher eine beeindruckende Aussicht. Die vier engsten Schüler und Apostel Jesu fragen ihn: Wann wird die Zerstörung des Tempels sein? Offensichtlich hatten sie die Aussage Jesu wörtlich auf die historische Zerstörung des Tempels bezogen. Doch Jesus gibt auf die konkrete Frage zur Zerstörung des Tempels in Jerusalem eine ganz andere Antwort. Zuerst warnt er vor den falschen Propheten: Sie führen viele in die Irre und behaupten, Jesus zu sein oder in seinen Namen zu sprechen. Noch immer eine hochaktuelle Warnung vor falschen Offenbarungen!

Dann sagt er Kriege, Erdbeben und Hungersnöte voraus, die erst der Anfang seien. Man beachte die Mehrzahl der Katastrophen. Jesus bezieht die Frage offensichtlich nicht auf den historischen Tempel und nicht auf den Tempel seines irdischen Leibes, sondern auf einen anderen großen Bau, der der Tempel Gottes unter den Menschen ist, seine Kirche. Die Kriege, Erdbeben und Hungersnöte sind erst der Anfang der Geburtswehen, angedeutet wird noch Schlimmeres, die Apokalypse. Doch auch dies soll nicht beunruhigen. Euer persönliches Schicksal ist ein anderes: Das Gericht, die Folter und das Zeugnis, oder wie es im griechischen Original heißt, das Martyrium für Jesus Christus vor Statthaltern und Königen. Doch auch diese Nachricht über die persönliche Verfolgung um Jesu Christi willen soll nicht beunruhigen, Gott steht in der Verfolgung bei. Der Heilige Geist gibt die richtigen Worte ein und alle werden gerettet. Gefordert für die Rettung ist allerdings die Standhaftigkeit bis zum Ende, das Durchhalten bis zum persönlichen Tod für Christus. In diesem Text leuchtet bereits die Märtyrerverehrung der verfolgten Kirche auf – die Märtyrer als die großen Helden und Glaubenszeugen der Christen, die Heiligen und Fürsprecher vor Gott.

JESUS, salbe mich mit dem Geist der Wahrheit und Liebe.

66. Tag: 13,14-23
Vom Höhepunkt der Not

Wenn ihr aber den unheilvollen Gräuel an dem Ort seht, wo er nicht stehen darf - der Leser begreife -, dann sollen die Bewohner von Judäa in die Berge fliehen; wer gerade auf dem Dach ist, soll nicht hinabsteigen und ins Haus gehen, um etwas mitzunehmen; wer auf dem Feld ist, soll nicht zurückkehren, um seinen Mantel zu holen. Weh aber den Frauen, die in jenen Tagen schwanger sind oder ein Kind stillen. Betet darum, dass dies alles nicht im Winter eintritt. Denn jene Tage werden eine Not bringen, wie es noch nie eine gegeben hat, seit Gott die Welt erschuf, und wie es auch keine mehr geben wird. Und wenn der Herr diese Zeit nicht verkürzen würde, dann würde kein Mensch gerettet; aber um seiner Auserwählten willen hat er diese Zeit verkürzt. Wenn dann jemand zu euch sagt: Seht, hier ist der Messias!, oder: Seht, dort ist er!, so glaubt es nicht! Denn es wird mancher falsche Messias und mancher falsche Prophet auftreten und sie werden Zeichen und Wunder tun, um, wenn möglich, die Auserwählten irrezuführen. Ihr aber, seht euch vor! Ich habe euch alles vorausgesagt.

Jesus nennt jetzt das von den Jüngern erfragte Zeichen für die Ankündigung des Endes: Wenn der unheilvolle Gräuel an dem Ort steht, an dem er nicht stehen darf. Man könnte den unheilvollen Gräuel auch übersetzen mit dem Gräuel der Verwüstung. Damit ist eine Person gemeint, die alles zerstört und zur Wüste macht, damit kein Leben mehr gedeihen kann. Traditionell wird dieser Begriff auf den Antichrist gedeutet, der vor dem Ende der Zeiten kommen soll. Genaueres wird allerdings nicht offenbart, der Leser möge es begreifen. Wenn aber die Zeit gekommen sein wird, soll man sofort fliehen, denn die Not wird dann das größte Ausmaß auf Erden erreichen. Es schließt sich eine nochmalige Warnung vor falschen Messiassen und falschen Propheten an, die Lügen verbreiten und Zeichen und Wunder zur Verführung der Menschen wirken werden. Die Beschreibung der apokalyptischen Notzeiten endet mit einer Warnung: Ihr aber seht euch vor, damit ihr nicht vom Glauben abfallt, falschen Propheten und Messiassen nachlauft und euch so von Jesus Christus trennt.

JESUS, ich will in aller Bedrängnis wachen und beten!

67. Tag: 13,24-27
Vom Kommen des Menschensohnes

Aber in jenen Tagen, nach der großen Not, wird sich die Sonne verfinstern und der Mond wird nicht mehr scheinen; die Sterne werden vom Himmel fallen und die Kräfte des Himmels werden erschüttert werden. Dann wird man den Menschensohn mit großer Macht und Herrlichkeit auf den Wolken kommen sehen. Und er wird die Engel aussenden und die von ihm Auserwählten aus allen vier Windrichtungen zusammenführen, vom Ende der Erde bis zum Ende des Himmels.

Um der Rettung der Auserwählten willen hat der Herr die große Drangsaal verkürzt und durch kosmologische Zeichen kündigt sich der Retter an: Die Sonne und der Mond verfinstern sich, die Sterne fallen vom Himmel und die Kräfte des Himmels werden erschüttert. Dann wird der Menschensohn, also Jesus Christus, mit all seiner Macht, Kraft und Herrlichkeit wiederkommen und die Prophetien des Alten Testamentes über den großen Gerichtstag, der für die Auserwählten die Rettung bringt, werden erfüllt werden.

JESUS, komm mit der Macht deiner Liebe in unsere Welt.

68. Tag: 13,28-37
Mahnungen im Hinblick auf das Ende

Lernt etwas aus dem Vergleich mit dem Feigenbaum! Sobald seine Zweige saftig werden und Blätter treiben, wisst ihr, dass der

Sommer nahe ist. Genauso sollt ihr erkennen, wenn ihr (all) das geschehen seht, dass das Ende vor der Tür steht. Amen, ich sage euch: Diese Generation wird nicht vergehen, bis das alles eintrifft. Himmel und Erde werden vergehen, aber meine Worte werden nicht vergehen. Doch jenen Tag und jene Stunde kennt niemand, auch nicht die Engel im Himmel, nicht einmal der Sohn, sondern nur der Vater. Seht euch also vor und bleibt wach! Denn ihr wisst nicht, wann die Zeit da ist. Es ist wie mit einem Mann, der sein Haus verließ, um auf Reisen zu gehen: Er übertrug alle Verantwortung seinen Dienern, jedem eine bestimmte Aufgabe; dem Türhüter befahl er, wachsam zu sein. Seid also wachsam! Denn ihr wisst nicht, wann der Hausherr kommt, ob am Abend oder um Mitternacht, ob beim Hahnenschrei oder erst am Morgen. Er soll euch, wenn er plötzlich kommt, nicht schlafend antreffen. Was ich aber euch sage, das sage ich allen: Seid wachsam!

Der Feigenbaum ist von den zahlreichen immergrünen Bäumen Palästinas dadurch unterschieden, dass er im Herbst seine Blätter abwirft und im Frühjahr neu austreibt, daher kann er die Saison anzeigen. Das wurde zum Gleichnis: Wenn ihr die Geschehnisse seht, sollt ihr erkennen, dass das Ende vor der Tür steht.

Die nächste Aussage Jesu bezieht sich wieder auf den vorhergehenden Text vom Kommen des Menschensohnes: Diese Generation wird nicht vergehen, bis das alles geschieht. Damit sagt Jesus drei Tage vor seinem Tod und sechs Tage vor seiner Auferstehung seinen Jüngern voraus, dass sie die Sonnen- und Mondfinsternis und die Erschütterung der Himmelskräfte erleben werden, ebenso die Wiederkunft des Menschensohnes. Damit spielt er auf die Finsternis und das Erdbeben bei seiner Kreuzigung und auf seine Auferstehung an: Diese Generation hat die Wiederkunft des Menschensohnes erlebt. Gleichzeitig bleiben die Aussagen über das Wiederkommen des Menschensohnes gültig für das Ende der Zeiten: So wie es beim Tod und der Auferstehung Jesu war, so wird es am Ende der Zeiten sein.

Das Ende der Zeiten kennt niemand, genauso wie der Zeitpunkt des Todes und der Auferstehung Jesu Christi niemand gekannt hat und wie niemand den Zeitpunkt seines eigenen Todes kennt. Seid also wachsam, denn ihr wisst nicht, wann die Zeit da ist. Jesus Christus kommt wie ein Hausherr, der von einer weiten Reise zurückkehrt: Seine Ankunft kann zu jeder Tages- oder Nachtzeit erfolgen. Die Zeit der Kirche ist die Zeit der Naherwartung geblieben - in der Hoffnung auf die Ankunft des Herrn.

JESUS, ich will wachen in der Erwartung deines Kommens.

DAS LEIDEN UND
DIE AUFERSTEHUNG
JESU CHRISTI

69. Tag: 14,1-9
Beschluß des Hohen Rates; Salbung in Betanien

Es war zwei Tage vor dem Pascha und dem Fest der Ungesäuerten Brote. Die Hohenpriester und die Schriftgelehrten suchten nach einer Möglichkeit, Jesus mit List in ihre Gewalt zu bringen, um ihn zu töten. Sie sagten aber: Ja nicht am Fest, damit es im Volk keinen Aufruhr gibt. Als Jesus in Betanien im Haus Simons des Aussätzigen bei Tisch war, kam eine Frau mit einem Alabastergefäß voll echtem, kostbarem Nardenöl, zerbrach es und goss das Öl über sein Haar. Einige aber wurden unwillig und sagten zueinander: Wozu diese Verschwendung? Man hätte das Öl um mehr als dreihundert Denare verkaufen und das Geld den Armen geben können. Und sie machten der Frau heftige Vorwürfe. Jesus aber sagte: Hört auf!

Warum lasst ihr sie nicht in Ruhe? Sie hat ein gutes Werk an mir getan. Denn die Armen habt ihr immer bei euch und ihr könnt ihnen Gutes tun, so oft ihr wollt; mich aber habt ihr nicht immer. Sie hat getan, was sie konnte. Sie hat im voraus meinen Leib für das Begräbnis gesalbt. Amen, ich sage euch: Überall auf der Welt, wo das Evangelium verkündet wird, wird man sich an sie erinnern und erzählen, was sie getan hat.

Für Paul vom Kreuz, den Stifter und Vater der Passionisten, ist das Leiden Jesu das größte und erstaunlichste Werk der Liebe Gottes. Nur aus diesem Blickwinkel können wir die Passionsgeschichte lesen und richtig verstehen. Ob der Fülle der Ereignisse in der Leidensgeschichte verspürt kaum einer die zeitliche Kürze und Knappheit: 2 Tage vor dem größten Fest wird der Vernichtungnsplan konkret angedacht. Die krummen Zeilen der Hassenden werden von Gott in wunderbarster Weise umgeschrieben zur heilenden Tat des Knechtes Gottes. Aus kaum verfügbarer Zeit für die böse Tat wir die Zeitlosigkeit der Erlösung.

Neben Lazarus und seinen Schwestern ist es ein gewisser Simon der Aussätzige, dessen Gastfreundschaft Jesus in Betanien genießt. Dabei geschieht etwas Ungeheuerliches: Eine Frau, deren Namen Markus nicht nennt, zerbricht ein Alabastergefäß und gießt den Inhalt über Jesu Haupt. Purer Luxus, wenn man weiß, daß Nardenöl aus dem Himalaja oder dem fernen Osten importiert wurde und den entsprechenden Preis hatte. Mancher heutige Zeitgenosse hört diese Erzählung nicht gern. Jesus drückt hier ausdrücklich sein Wohlwollen für diese Art der Verehrung seiner Person aus. Wenn heute manche Kleriker etwa Edelmetalle aus der Liturgie verbannen und zu Tongefäßen greifen, ist das nicht unbedingt im Sinne unseres Herrn. Jesus fügt sogar hinzu, diese Tat würde immer auch Teil der Verkündigung seines Leidens sein. Gäbe es auch etwas Kostbareres als seine Passion zu vermelden?

JESUS, du nimmst Liebe an und vergiltst wieder mit Liebe.

70. Tag: 14,10-11
Der Verrat des Judas

Judas Iskariot, einer der Zwölf, ging zu den Hohenpriestern. Er wollte Jesus an sie ausliefern. Als sie das hörten, freuten sie sich und versprachen, ihm Geld dafür zu geben. Von da an suchte er nach einer günstigen Gelegenheit, ihn auszuliefern.

Viel wird gerätselt über die Beweggründe des Judas, Jesus an den Hohen Rat auszuliefern. War es Enttäuschung, war es Irreführung? Wir immer; im Heilsplan Gottes findet sich dieser Verrat als Ereignis menschlichen Versagens. Um so mehr muß mir das Gebet am Herzen liegen: Lass dein Leid und deine Pein an mir nicht verloren sein.

71. Tag: 14,12-16
Vorbereitung des Paschamahles

Am ersten Tag des Festes der Ungesäuerten Brote, an dem man das Paschalamm schlachtete, sagten die Jünger zu Jesus: Wo sollen wir das Paschamahl für dich vorbereiten? Da schickte er zwei seiner Jünger voraus und sagte zu ihnen: Geht in die Stadt; dort wird euch ein Mann begegnen, der einen Wasserkrug trägt. Folgt ihm, bis er in ein Haus hineingeht; dann sagt zu dem Herrn des Hauses: Der Meister lässt dich fragen: Wo ist der Raum, in dem ich mit meinen Jüngern das Paschalamm essen kann? Und der Hausherr wird euch einen großen Raum im Obergeschoss zeigen, der schon für das Festmahl hergerichtet und mit Polstern ausgestattet ist. Dort bereitet alles für uns vor! Die Jünger machten sich auf den Weg und kamen in die Stadt. Sie fanden alles so, wie er es ihnen gesagt hatte, und bereiteten das Paschamahl vor.

Wieder wird verschwiegen, um wen es sich bei diesem Mann mit dem Wasserkrug handelt. Markus ist keiner, der leutselig Auskunft gibt. Wichtig ist ihm

zu berichten, alles kommt zur rechten Zeit in Bewegung. Nichts ist dem Zufall überlassen - er existiert nicht. Keiner, der Vertrauen in Gott setzt, wird im Stich gelassen. Gott trifft die rechte Vor-Sorge.

72. Tag: 14,17-25

DAS MAHL

Als es Abend wurde, kam Jesus mit den Zwölf. Während sie nun bei Tisch waren und aßen, sagte er: Amen, ich sage euch: Einer von euch wird mich verraten und ausliefern, einer von denen, die zusammen mit mir essen. Da wurden sie traurig und einer nach dem andern fragte ihn: Doch nicht etwa ich? Er sagte zu ihnen: Einer von euch Zwölf, der mit mir aus derselben Schüssel isst. Der Menschensohn muss zwar seinen Weg gehen, wie die Schrift über ihn sagt. Doch weh dem Menschen, durch den der Menschensohn verraten wird. Für ihn wäre es besser, wenn er nie geboren wäre. Während des Mahls nahm er das Brot und sprach den Lobpreis; dann brach er das Brot, reichte es ihnen und sagte: Nehmt, das ist mein Leib. Dann nahm er den Kelch, sprach das Dankgebet, reichte ihn den Jüngern und sie tranken alle daraus. Und er sagte zu ihnen: Das ist mein Blut, das Blut des Bundes, das für viele vergossen wird. Amen, ich sage euch: Ich werde nicht mehr von der Frucht des Weinstocks trinken bis zu dem Tag, an dem ich von neuem davon trinke im Reich Gottes.

Es fällt uns schwer, die Verurteilung des Apostels zu lesen, der Jesus verraten hat. Kann etwas Schlimmeres über einen Menschen gesagt werden: Es wäre besser für ihn, nie geboren worden zu sein? Traurigkeit erfüllt die Herzen der Apostel bei dieser düsteren Botschaft über den Verrat. Inmitten dieser heillosen Situation wird der Rettungsanker in die Unergründlichkeit menschlicher Bosheit hineingeworfen. Der Herr setzt mit dem letzten Abendmahl den ersten Schritt für das einzigartige Opfer, das bis zum

Ende aller Zeiten gefeiert werden wird. Hier beginnt die „göttliche Liturgie", die in der Überwindung des Todes ihren Höhepunkt erreicht.

JESUS, ich danke dir für dein eucharistisches Opfer für uns.

73. Tag: 14,26-31
Der Gang zum Ölberg

Nach dem Lobgesang gingen sie zum Ölberg hinaus. Da sagte Jesus zu ihnen: Ihr werdet alle (an mir) Anstoß nehmen und zu Fall kommen; denn in der Schrift steht: Ich werde den Hirten erschlagen, dann werden sich die Schafe zerstreuen. Aber nach meiner Auferstehung werde ich euch nach Galiläa vorausgehen. Da sagte Petrus zu ihm: Auch wenn alle (an dir) Anstoß nehmen - ich nicht! Jesus antwortete ihm: Amen, ich sage dir: Noch heute Nacht, ehe der Hahn zweimal kräht, wirst du mich dreimal verleugnen. Petrus aber beteuerte: Und wenn ich mit dir sterben müsste - ich werde dich nie verleugnen. Das gleiche sagten auch alle anderen.

Unerbittlich nennt Jesus die Ereignisse vorweg, die sich überstürzen werden. Das große Durcheinander, das diabolische Treiben wird beginnen. Keiner der Apostel kann den Leidensweg Jesu ganz mitgehen. Als kleine Herde werden sie in die Flucht geschlagen. Simon Petrus wird die Kraft sehr schnell ausgehen angesichts der lebensgefährlichen Freundschaft mit Jesus. Wieder aber hört man das Wort „Auferstehung". In dieser finsteren Nacht bleibt es aber unverstanden und unerfahrbar wie nach dem Erlebnis auf dem Berg Tabor.

JESUS, stärke mich in der Treue zu Gott und zu Dir!

74. Tag: 14,32-42
Das Gebet in Getsemani

Sie kamen zu einem Grundstück, das Getsemani heißt, und er sagte zu seinen Jüngern: Setzt euch und wartet hier, während ich bete. Und er nahm Petrus, Jakobus und Johannes mit sich. Da ergriff ihn Furcht und Angst, und er sagte zu ihnen: Meine Seele ist zu Tode betrübt. Bleibt hier und wacht! Und er ging ein Stück weiter, warf sich auf die Erde nieder und betete, dass die Stunde, wenn möglich, an ihm vorübergehe. Er sprach: Abba, Vater, alles ist dir möglich. Nimm diesen Kelch von mir! Aber nicht, was ich will, sondern was du willst (soll geschehen). Und er ging zurück und fand sie schlafend. Da sagte er zu Petrus: Simon, du schläfst? Konntest du nicht einmal eine Stunde wach bleiben? Wacht und betet, damit ihr nicht in Versuchung geratet. Der Geist ist willig, aber das Fleisch ist schwach. Und er ging wieder weg und betete mit den gleichen Worten. Als er zurückkam, fand er sie wieder schlafend, denn die Augen waren ihnen zugefallen; und sie wussten nicht, was sie ihm antworten sollten. Und er kam zum dritten Mal und sagte zu ihnen: Schlaft ihr immer noch und ruht euch aus? Es ist genug. Die Stunde ist gekommen; jetzt wird der Menschensohn den Sündern ausgeliefert. Steht auf, wir wollen gehen! Seht, der Verräter, der mich ausliefert, ist da.

Der Ölgarten, Gethsemani, ist erreicht. Es ist der „Wartesaal" der Passion. Schier unerträglich wird die innere Spannung Jesu, dagegen überfällt Müdigkeit die Apostel. Das wichtige und wirkliche Ereignis in diesem Garten aber ist das Gebet Jesu. Es gibt dem Todgeweihten und Angsterfüllten überirdische Kraft. Sein Vater kommt in diese vollkommene Hingabe und wohnt ihm, dem Sohn, inne. Der Heilige Geist ergießt sich als Stärke über den Knecht Gottes, der Jesus nun geworden ist. Kein Getaufter kann um Gethsemani einen Umweg machen. Diese Station im Leben eines Christen ist heilsnotwendig.

JESUS, ich danke dir - du hast durch deine Todesangst unsere Angst vor dem Tod überwunden. Preis sei dir!

75. Tag: 14,43-52
Die Gefangennahme

Noch während er redete, kam Judas, einer der Zwölf, mit einer Schar von Männern, die mit Schwertern und Knüppeln bewaffnet waren; sie waren von den Hohenpriestern, den Schriftgelehrten und den Ältesten geschickt worden. Der Verräter hatte mit ihnen ein Zeichen vereinbart und gesagt: Der, den ich küssen werde, der ist es. Nehmt ihn fest, führt ihn ab und lasst ihn nicht entkommen. Und als er kam, ging er sogleich auf Jesus zu und sagte: Rabbi! Und er küsste ihn. Da ergriffen sie ihn und nahmen ihn fest. Einer von denen, die dabeistanden, zog das Schwert, schlug auf den Diener des Hohenpriesters ein und hieb ihm ein Ohr ab. Da sagte Jesus zu ihnen: Wie gegen einen Räuber seid ihr mit Schwertern und Knüppeln ausgezogen, um mich festzunehmen. Tag für Tag war ich bei euch im Tempel und lehrte und ihr habt mich nicht verhaftet; aber (das ist geschehen), damit die Schrift in Erfüllung geht. Da verließen ihn alle und flohen. Ein junger Mann aber, der nur mit einem leinenen Tuch bekleidet war, wollte ihm nachgehen. Da packten sie ihn; er aber ließ das Tuch fallen und lief nackt davon.

Die Freundschaft, die Anhänglichkeit, die Treue zum Meister wird mit einem Kuss endgültig zerstört. Selbst einem Ungläubigen mag es beim Lesen dieses Ereignisses schaudern. Angesichts der Übermacht schlägt eine kurze Gegenwehr fehl und führt zur heillosen Flucht. Anonym bleibt ein junger Mann, der außer den Aposteln Zeuge der nächtlichen Verhaftung ist.

JESUS, bei meinen täglichen Kämpfen will ich mich an dir festhalten.

76. Tag: 14,53-65
Verhör vor dem Hohen Rat

Darauf führten sie Jesus zum Hohenpriester und es versammelten sich alle Hohenpriester und Ältesten und Schriftgelehrten. Petrus aber war Jesus von weitem bis in den Hof des hohepriesterlichen Palastes gefolgt; nun saß er dort bei den Dienern und wärmte sich am Feuer. Die Hohenpriester und der ganze Hohe Rat bemühten sich um Zeugenaussagen gegen Jesus, um ihn zum Tod verurteilen zu können; sie fanden aber nichts. Viele machten zwar falsche Aussagen über ihn, aber die Aussagen stimmten nicht überein. Einige der falschen Zeugen, die gegen ihn auftraten, behaupteten: Wir haben ihn sagen hören: Ich werde diesen von Menschen erbauten Tempel niederreißen und in drei Tagen einen anderen errichten, der nicht von Menschenhand gemacht ist. Aber auch in diesem Fall stimmten die Aussagen nicht überein. Da stand der Hohepriester auf, trat in die Mitte und fragte Jesus: Willst du denn nichts sagen zu dem, was diese Leute gegen dich vorbringen? Er aber schwieg und gab keine Antwort. Da wandte sich der Hohepriester nochmals an ihn und fragte: Bist du der Messias, der Sohn des Hochgelobten? Jesus sagte: Ich bin es. Und ihr werdet den Menschensohn zur Rechten der Macht sitzen und mit den Wolken des Himmels kommen sehen. Da zerriss der Hohepriester sein Gewand und rief: Wozu brauchen wir noch Zeugen? Ihr habt die Gotteslästerung gehört. Was ist eure Meinung? Und sie fällten einstimmig das Urteil: Er ist schuldig und muss sterben. Und einige spuckten ihn an, verhüllten sein Gesicht, schlugen ihn und riefen: Zeig, dass du ein Prophet bist! Auch die Diener schlugen ihn ins Gesicht.

Wer Jesus etwas fragen wird, muß damit rechnen, mehr gesagt zu bekommen als ihm lieb ist. Der Hohepriester stellt hier die alles entscheidende Frage: „Bist du der Messias?" Das Schweigen Jesu findet mit der klaren Antwort ein Ende: „ICH BIN ES!". Das „Mehr" der Antwort läßt die Herrlichkeit Gottes aufleuchten: Er sitzt zur Rechten Gottes und richtet den Erd-

kreis bei seiner Wiederkunft! Die Macht des Hohenpriesters, ohnehin geschmälert durch die römische Besatzung, wird vollends abgetan. Während die Jünger von Emmaus kurze Zeit darauf zueinander sagen werden: „Brannte nicht unser Herz, als er uns den Sinn der Schrift erklärte?", trifft Jesu Bekenntnis bei den Führern seines Volkes auf kalte und verschlossene Herzen.

JESUS, ich bekenne dich als Messias und Sohn Gottes.

77. Tag: 14,66-72
Verleugnung durch Petrus

Als Petrus unten im Hof war, kam eine von den Mägden des Hohenpriesters. Sie sah, wie Petrus sich wärmte, blickte ihn an und sagte: Auch du warst mit diesem Jesus aus Nazaret zusammen. Doch er leugnete es und sagte: Ich weiß nicht und verstehe nicht, wovon du redest. Dann ging er in den Vorhof hinaus. Als die Magd ihn dort bemerkte, sagte sie zu denen, die dabeistanden, noch einmal: Der gehört zu ihnen. Er aber leugnete es wieder ab. Wenig später sagten die Leute, die dort standen, von neuem zu Petrus: Du gehörst wirklich zu ihnen; du bist doch auch ein Galiläer. Da fing er an zu fluchen und schwor: Ich kenne diesen Menschen nicht, von dem ihr redet. Gleich darauf krähte der Hahn zum zweiten Mal, und Petrus erinnerte sich, dass Jesus zu ihm gesagt hatte: Ehe der Hahn zweimal kräht, wirst du mich dreimal verleugnen. Und er begann zu weinen.

Die Tränen des Simon Petrus sind Tränen der Gnade. Sein Herz war stärker als der verängstigte Verstand. Überwältigt von der Furcht um sein Leben ist Petrus bereit zur Verleugnung.Die Bekanntmachung seiner Jüngerschaft durch die Magd treibt ihn in Panik. Das dreimalige „Ich kenne diesen Menschen nicht" findet später seine Heilung im dreimaligen „Ich liebe Dich" bei der Befragung durch den Auferstandenen. Jesu Blut wird die Sünden der ganzen Welt abwaschen. Auch die Tränen des

Petrus wie eines jeden reuigen Christen tragen zu dieser Erlösungstat das Ihre bei. Ein Christ, der seine Sünden beweinen kann, findet tiefe Barmherzigkeit.

JESUS, selbst Petrus hat dich verleugnet. Erbarme dich unser!

78. Tag: 15,1-15
Verhandlung vor Pilatus

Gleich in der Frühe fassten die Hohenpriester, die Ältesten und die Schriftgelehrten, also der ganze Hohe Rat, über Jesus einen Beschluss: Sie ließen ihn fesseln und abführen und lieferten ihn Pilatus aus. Pilatus fragte ihn: Bist du der König der Juden? Er antwortete ihm: Du sagst es. Die Hohenpriester brachten viele Anklagen gegen ihn vor. Da wandte sich Pilatus wieder an ihn und fragte: Willst du denn nichts dazu sagen? Sieh doch, wie viele Anklagen sie gegen dich vorbringen. Jesus aber gab keine Antwort mehr, sodass Pilatus sich wunderte. Jeweils zum Fest ließ Pilatus einen Gefangenen frei, den sie sich ausbitten durften. Damals saß gerade ein Mann namens Barabbas im Gefängnis, zusammen mit anderen Aufrührern, die bei einem Aufstand einen Mord begangen hatten. Die Volksmenge zog (zu Pilatus) hinauf und bat, ihnen die gleiche Gunst zu gewähren wie sonst. Pilatus fragte sie: Wollt ihr, dass ich den König der Juden freilasse? Er merkte nämlich, dass die Hohenpriester nur aus Neid Jesus an ihn ausgeliefert hatten. Die Hohenpriester aber wiegelten die Menge auf, lieber die Freilassung des Barabbas zu fordern. Pilatus wandte sich von neuem an sie und fragte: Was soll ich dann mit dem tun, den ihr den König der Juden nennt? Da schrien sie: Kreuzige ihn! Pilatus entgegnete: Was hat er denn für ein Verbrechen begangen? Sie schrien noch lauter: Kreuzige ihn! Darauf ließ Pilatus, um die Menge zufrieden zu stellen, Barabbas frei und gab den Befehl, Jesus zu geißeln und zu kreuzigen.

Die Hohenpriester sind mit ihrer Absicht im Hohen Rat ans Ziel gelangt. Sie wollen Jesu Hinrichtung und bestätigen dies in einem Beschluss. Sie überlisten Pilatus und bringen ihn dazu, Jesus nach römischem Recht zu verurteilen und zur Kreuzigung auszuliefern. Pilatus stellt als römischer Richter fest, dass Jesus eigentlich nicht sterben dürfe. Zur Vermeidung eines Tumultes jedoch lässt er Jesus zur Hinrichtung abführen.

JESUS, du wahrer König, ich bete dich an und preise dich.

79. Tag: 15,16-20a
Verspottung Jesu durch die Soldaten

Die Soldaten führten ihn in den Palast hinein, das heißt in das Prätorium, und riefen die ganze Kohorte zusammen. Dann legten sie ihm einen Purpurmantel um und flochten einen Dornenkranz; den setzten sie ihm auf und grüßten ihn: Heil dir, König der Juden! Sie schlugen ihm mit einem Stock auf den Kopf und spuckten ihn an, knieten vor ihm nieder und huldigten ihm. Nachdem sie so ihren Spott mit ihm getrieben hatten, nahmen sie ihm den Purpurmantel ab und zogen ihm seine eigenen Kleider wieder an.

Spottend grüßen die Soldaten Jesus mit dem Titel „König" aus der Verhandlung. Die folgenden Handlungen sind Hohn und Spott. Das Schlagen mit dem Stock ist auch Misshandlung. Das Anspucken ist ein Zeichen der Verachtung. Mit kniefälliger Huldigung äffen sie die einem König zustehende Huldigung nach. So sollen auch Christen wissen, dass auch ihnen immer wieder Spott, Hohn und Misshandlung in der Nachfolge Christi bestimmt sind.

JESUS, du Dornengekrönter, hilft uns den Stolz zu überwinden.

80. Tag: 15,20b-32- Die Kreuzigung Jesu

Dann führten sie Jesus hinaus, um ihn zu kreuzigen. Einen Mann, der gerade vom Feld kam, Simon von Zyrene, den Vater des Alexander und des Rufus, zwangen sie, sein Kreuz zu tragen. Und sie brachten Jesus an einen Ort namens Golgota, das heißt übersetzt: Schädelhöhe. Dort reichten sie ihm Wein, der mit Myrrhe gewürzt war; er aber nahm ihn nicht. Dann kreuzigten sie ihn. Sie warfen das Los und verteilten seine Kleider unter sich und gaben jedem, was ihm zufiel. Es war die dritte Stunde, als sie ihn kreuzigten. Und eine Aufschrift (auf einer Tafel) gab seine Schuld an: Der König der Juden. Zusammen mit ihm kreuzigten sie zwei Räuber, den einen rechts von ihm, den andern links. Die Leute, die vorbeikamen, verhöhnten ihn, schüttelten den Kopf und riefen: Ach, du willst den Tempel niederreißen und in drei Tagen wieder aufbauen? Hilf dir doch selbst und steig herab vom Kreuz! Auch die Hohenpriester und die Schriftgelehrten verhöhnten ihn und sagten zueinander: Anderen hat er geholfen, sich selbst kann er nicht helfen. Der Messias, der König von Israel! Er soll doch jetzt vom Kreuz herabsteigen, damit wir sehen und glauben. Auch die beiden Männer, die mit ihm zusammen gekreuzigt wurden, beschimpften ihn.

Nicht einmal den Kreuzesbalken vermochte Jesus zur Hinrichtungsstätte zu tragen. Simon von Cyrene trägt mit Jesus das Kreuz. So wird er zum Vorbild für alle Jünger Christi. So wie es Jesus gesagt hat: „Wer mein Jünger sein will, nehme sein Kreuz auf sich und folge mir nach" (Mk 8,34). Den Betäubungstrank nahm Jesus nicht an. Er wollte so lange wie möglich bei Bewusstsein bleiben und den Tod bewusst auf sich nehmen. Jesus wird wie ein Verbrecher behandelt und hängt zwischen zwei Verbrechern, an sein Kreuz genagelt, langsam verblutend. Er erlebt, dass alle Menschen, die vorbeikommen ihn verhöhnen. Wo sind jene, die ihm gefolgt waren, die beim Einzug in Jerusalem ihm zugejubelt haben? Wo sind die Menschen, denen er geholfen hatte, als sie in Not waren?

JESUS, wahrer Messias und König von Israel, du herrschst vom Kreuz herab mit der Macht deiner Liebe. Danke, Herr.

81. Tag: 15,33-41 - DER TOD JESU CHRISTI

Als die sechste Stunde kam, brach über das ganze Land eine Finsternis herein. Sie dauerte bis zur neunten Stunde. Und in der neunten Stunde rief Jesus mit lauter Stimme: Eloï, Eloï, lema sabachtani?, das heißt übersetzt: Mein Gott, mein Gott, warum hast du mich verlassen? Einige von denen, die dabeistanden und es hörten, sagten: Hört, er ruft nach Elija! Einer lief hin, tauchte einen Schwamm in Essig, steckte ihn auf einen Stock und gab Jesus zu trinken. Dabei sagte er: Lasst uns doch sehen, ob Elija kommt und ihn herabnimmt. Jesus aber schrie laut auf. Dann hauchte er den Geist aus. Da riss der Vorhang im Tempel von oben bis unten entzwei. Als der Hauptmann, der Jesus gegenüberstand, ihn auf diese Weise sterben sah, sagte er: Wahrhaftig, dieser Mensch war Gottes Sohn. Auch einige Frauen sahen von weitem zu, darunter Maria aus Magdala, Maria, die Mutter von Jakobus dem Kleinen und Joses, sowie Salome; sie waren Jesus schon in Galiläa nachgefolgt und hatten ihm gedient. Noch viele andere Frauen waren dabei, die mit ihm nach Jerusalem hinaufgezogen waren.

Jesus ruft mit lauter Stimme den Anfang von Psalm 22: „Mein Gott, warum hast du mich verlassen?". Der Gebetsruf Jesu wurde von den Umstehenden verspottet. Offensichtlich wurde der Psalmenanfang gar nicht verstanden. Er wurde als Hilferuf an Elija ausgelegt. Das Zerreißen des Tempelvorhangs bedeutet für den jüdischen Tempel das Zeichen seiner Ablösung. Durch dieses Zeichen ist der „verhüllende" Vorhang aufgerissen und Gott offenbart sich allen, die zum neuen Tempel Zugang suchen. Der heidnische Hauptmann spricht am Ende der Leidensgeschichte das Bekenntnis, auf das das ganze Evangelium ausgerichtet ist.

**JESUS, durch deinen Tod hast du die ganze Welt erlöst.
WIR DANKEN DIR FÜR DEINE ERLÖSENDE LIEBE.**

82. Tag: 15,42-47
Das Begräbnis Jesu

Da es Rüsttag war, der Tag vor dem Sabbat, und es schon Abend wurde, ging Josef von Arimathäa, ein vornehmer Ratsherr, der auch auf das Reich Gottes wartete, zu Pilatus und wagte es, um den Leichnam Jesu zu bitten. Pilatus war überrascht, als er hörte, dass Jesus schon tot sei. Er ließ den Hauptmann kommen und fragte ihn, ob Jesus bereits ge-storben sei. Als der Haupt-mann ihm das bestätigte, überließ er Josef den Leichnam. Josef kaufte ein Leinentuch, nahm Jesus vom Kreuz, wickelte ihn in das Tuch und legte ihn in ein Grab, das in einen Felsen gehauen war. Dann wälzte er einen Stein vor den Eingang des Grabes. Maria aus Magdala aber und Maria, die Mutter des Joses, beobachteten, wohin der Leichnam gelegt wurde.

Josef von Arimathäa leistet alles, was zu tun ist, in mutiger, umsichtiger und großzügiger Weise. Er stellt sogar sein eigenes Grab zur Verfügung. Aufgrund seiner Stellung und seiner Mittel ist er mehr als andere in der Lage, jetzt in der Stunde der größten Demütigung Jesu einzugreifen und das Begräbnis vorzunehmen. Das Risiko seines Ganges zu Pilatus wird dadurch keineswegs aufgehoben.

JESUS, dein Begräbnis war nicht das Ende. Danke, Jesus.

DIE AUFERSTEHUNG JESU CHRISTI

83. Tag: 16,1-8
Die Botschaft des Engels vom leeren Grab

Als der Sabbat vorüber war, kauften Maria aus Magdala, Maria, die Mutter des Jakobus, und Salome wohlriechende Öle, um damit zum Grab zu gehen und Jesus zu salben. Am ersten Tag der Woche kamen sie in aller Frühe zum Grab, als eben die Sonne aufging. Sie sagten zueinander: Wer könnte uns den Stein vom Eingang des Grabes wegwälzen? Doch als sie hinblickten, sahen sie, dass der Stein schon weggewälzt war; er war sehr groß. Sie gingen in das Grab hinein und sahen auf der rechten Seite einen jungen Mann sitzen, der mit einem weißen Gewand bekleidet war; da erschraken sie sehr. Er aber sagte zu ihnen: Erschreckt nicht! Ihr sucht Jesus von Nazaret, den Gekreuzigten. Er ist auferstanden; er ist nicht hier. Seht, da ist die Stelle, wo man ihn hingelegt hatte. Nun aber geht und sagt seinen Jüngern, vor allem Petrus: Er geht euch voraus nach Galiläa; dort werdet ihr ihn sehen, wie er es euch gesagt hat. Da verließen sie das Grab und flohen; denn Schrecken und Entsetzen hatte sie gepackt. Und sie sagten niemand etwas davon; denn sie fürchteten sich.

Kommentar 1

Zu unserem Menschsein gehört die bittere Erfahrung von Abschied und Tod. Verstummen und innere Leere, tiefe Traurigkeit und großer Schmerz der Trennung brennen oft bitter in den Herzen derer, die am offenen Grab ihrer Lieben stehen und Abschied nehmen müssen. Wie ergeht es Christen anbetracht der Wirklichkeit des Todes? Gläubige Menschen reden selbst in solchen Momenten vom Leben! Trotzdem! Das ist Mut! Warum können Christen, umgeben von Todesstille, dennoch vom Leben reden? Das 16. Kapitel des Markusevangeliums gibt Antwort: Weil einst an einem Grab erschrok-

kenen Frauen die Botschaft zugesagt worden ist „Erschreckt nicht! Ihr sucht Jesus von Nazaret, den Gekreuzigten. Er ist auferstanden; er ist nicht hier." Seit jenem Ostermorgen erinnern sich Christen gerade in den dunkelsten Momenten des Todes an jene lichtvollen Worte des jungen weiß bekleideten Mannes. An anderer Stelle, bei Lukas (24,5), heißt es fast vorwurfsvoll: „Was sucht ihr den Lebenden bei den Toten?" Das ist die freudige Kunde der Osternacht: „Er, der tot war, lebt!" Deshalb wird diese Nacht hell wie der Tag gepriesen. Diese Botschaft ist der Kirche Jesu Christi anvertraut.

Es gehört zur Endlichkeit des Menschseins, dass wir nur begrenzt erfassen können, was Gott Großes gewirkt hat; – in kleinen Schritten heute Wege von damals nachgehen. Mehr kann und will diese Bibelerklärung nicht leisten. Es heißt: „Am ersten Tag der Woche" – das ist der Sonntag –, und weiter: „in aller Frühe als eben die Sonne aufging" kamen die Frauen zum Grab. Das bedeutet, Gotteserfahrung an der Grenze des Lebens hat ihre besondere Zeit. Diese ereignet sich nicht im hellen Glanz des Mittags, sondern im Zwielicht der Morgendämmerung. Jesus selbst suchte in der Zeit seines irdischen Wirkens die Gottinnigkeit im Beten, vornehmlich im Noch- oder Schon-Dunkel der Frühe oder des Abends.

Und weiter berichtet Markus: Die Frauen kauften wohlriechende Öle und gingen zum Grab, um ihren toten Meister zu salben. Sie erweisen ihm so den letzten Dienst. Auf dem Weg dorthin sagten sie zueinander: „Wer könnte uns den Stein vom Eingang des Grabes wegwälzen?" Die Frauen wussten zu gut, dass ihnen ein großer Stein den Weg zu ihrem Meister versperrt. Sie selbst vermochten das Hindernis nicht zu bewältigen. Wer von uns wäre da noch weitergegangen? Diese Frauen sind es. Trotz Einhalt! Die Sehnsucht war stärker! Und siehe da: als sie hinblickten, merkten sie, dass der Stein schon weggewälzt war. Sie machten die überwältigende Erfahrung von Auferstehung. Das ist die Dynamik des Auferstehungsglaubens: nicht verrückbare Steine werden weggewälzt, eine unerfassbare Botschaft wird frohe Kunde. Diese außergewöhnliche Glaubenserfahrung ist der Sehnsucht des Einzelnen und zur Bewahrung der Kirche aufgetragen. Auf dass an den Gräbern zu allen Zeiten die Erinnerung an die Worte des Engels wach bleiben mögen: „Ihr sucht Jesus von Nazaret. Er ist nicht hier. Er ist auferstanden."

Kommentar 2

Keiner der Evangelisten schildert die Auferstehung Jesu selbst: Sie ist ein Vorgang im Geheimnis Gottes zwischen Jesus und dem Vater, der für uns nicht abbildbar ist, der sich von seinem Wesen her menschlicher Erfahrung entzieht. Ein besonderes Problem stellt der Markus-Schluß dar. Nach den maßgebenden Handschriften endet das Evangelium mit 16,8: „Da verließen sie das Grab und flohen; denn Schrecken und Entsetzen hatte sie gepackt. Und sie sagten niemand etwas davon; denn sie fürchteten sich." Der authentische Text des Evangeliums schließt in der uns vorliegenden Form mit der Furcht und dem Schrecken der Frauen. Vorher hatte er von der Entdeckung des leeren Grabes durch die zur Salbung gekommenen Frauen berichtet und von der Engelserscheinung, die ihnen die Auferstehung Jesu verkündigte und sie anwies, den Jüngern, „vor allem Petrus", zu sagen, daß Jesus ihnen der Verheißung gemäß nach Galiläa vorausgehe. Es ist unmöglich, daß das Evangelium mit den daran anschließenden Worten vom Schweigen der Frauen geendet hätte: Es setzt ja die Mitteilung ihrer Begegnung voraus Und es weiß offensichtlich um die Erscheinung an Petrus und an die Zwölf, von der der wesentlich ältere Bericht des Ersten Korinther-Briefs handelt. Warum unser Text an dieser Stelle abbricht, wissen wir nicht. Man hat im 2. Jahrhundert einen Sammelbericht angefügt, in dem die wichtigsten Auferstehungsüberlieferungen zusammengetragen sind, zusammen mit der Sendung der Jünger zur Verkündigung an die ganze Welt (16,9-20). Wie dem auch sei, auch der kurze Markus-Schluss setzt die Entdeckung des leeren Grabes durch die Frauen voraus, die Botschaft von der Auferstehung, das Wissen um die Erscheinungen an Petrus und die Zwölf (Jesus von Nazareth 2, 286-287).

JESUS, du Sieger über den Tod, bist wahrhaft auferstanden. Preis sei dir!

84. Tag: 16,9-20
DIE ERSCHEINUNGEN DES AUFERSTANDENEN

Als Jesus am frühen Morgen des ersten Wochentages auferstanden war, erschien er zuerst Maria aus Magdala, aus der er sieben Dämonen ausgetrieben hatte. Sie ging und berichtete es denen, die mit ihm zusammen gewesen waren und die nun klagten und weinten. Als sie hörten, er lebe und sei von ihr gesehen worden, glaubten sie es nicht. Darauf erschien er in einer anderen Gestalt zweien von ihnen, als sie unterwegs waren und aufs Land gehen wollten. Auch sie gingen und berichteten es den anderen und auch ihnen glaubte man nicht. Später erschien Jesus auch den Elf, als sie bei Tisch waren; er tadelte ihren Unglauben und ihre Verstocktheit, weil sie denen nicht glaubten, die ihn nach seiner Auferstehung gesehen hatten. Dann sagte er zu ihnen: Geht hinaus in die ganze Welt, und verkündet das Evangelium allen Geschöpfen! Wer glaubt und sich taufen lässt, wird gerettet; wer aber nicht glaubt, wird verdammt werden. Und durch die, die zum Glauben gekommen sind, werden folgende Zeichen geschehen: In meinem Namen werden sie Dämonen austreiben; sie werden in neuen Sprachen reden; wenn sie Schlangen anfassen oder tödliches Gift trinken, wird es ihnen nicht schaden; und die Kranken, denen sie die Hände auflegen, werden gesund werden. Nachdem Jesus, der Herr, dies zu ihnen gesagt hatte, wurde er in den Himmel aufgenommen und setzte sich zur Rechten Gottes. Sie aber zogen aus und predigten überall. Der Herr stand ihnen bei und bekräftigte die Verkündigung durch die Zeichen, die er geschehen ließ.

Fragen wir zusammenfassend, welcher Art die Begegnung mit dem auferstandenen Herrn gewesen ist. Die folgenden Unterscheidungen sind wichtig:

* Jesus ist kein ins allgemein biologische Leben Zurückgekehrter, der dann nach den Gesetzen der Biologie eines Tages wieder sterben müsste.
* Jesus ist kein Gespenst („Geist"). Das bedeutet: Er ist nicht je-

mand, der eigentlich der Totenwelt zugehört, aber irgendwie sich in der Lebenswelt zeigen kann.

* Die Begegnungen mit dem Auferstandenen sind aber auch et-was anderes als mystische Erfahrungen, in denen der menschliche Geist einen Augenblick über sich hinausgehoben wird und die Welt des Göttlichen und Ewigen wahrnimmt, um dann wieder in den nor-malen Horizont seines Daseins zurückzukehren. Die mystische Er-fahrung ist eine zeitweilige Entgrenzung des Raums der Seele und ihrer Wahrnehmungsfähigkeit. Sie ist aber nicht eine Begegnung mit einer von außen auf mich zutretenden Person. Paulus hat seine mystischen Erfahrungen, wie zum Beispiel die in 2 Kor 12,1-4 ge-schilderte Erhebung bis in den dritten Himmel ganz klar von der Begegnung mit dem Auferstandenen auf dem Weg nach Damaskus unterschieden, die ein Ereignis in der Geschichte, eine Begegnung mit einem Lebenden war.

Was können wir aufgrund all dieser biblischen Nachrichten nun wirklich über das eigentümliche Wesen der Auferstehung Christi sagen? Sie ist ein Ereignis in der Geschichte, das doch den Raum der Gechichte sprengt und über sie hinausreicht (...). Wir könnten die Auferstehung als so etwas wie einen radikalen „Mutationssprung" ansehen, in dem sich eine neue Dimen-sion des Lebens, des Menschseins auftut. Ja, die Materie selbst wird in eine neue Wirklichkeitsweise umgebrochen. Der Mensch Jesus gehört nun gera-de auch mit seinem Leib ganz und gar der Sphäre des Göttlichen und Ewi-gen zu. „Geist und Blut" haben, wie Tertullian einmal sagt, von nun an einen Ort in Gott (vgl. De resurrect. mort. 51,3; CC lat. II 994).

Auch wenn der Mensch von seinem Wesen her zur Unsterblichkeit ge-schaffen ist, so ist erst jetzt der Ort da, in dem seine unsterbliche Seele den „Raum" für „Leiblichkeit" findet, in der Unsterblichkeit Sinn erhält als Mits-ein mit Gott und der ganzen versöhnten Menschheit. Die Gefangen-schaftsbriefe des hl. Paulus an die Kolosser (vgl. 1,12-23) und an die Epheser (vgl. 1,3-23) meinen dies, wenn sie vom kosmischen Leib Christi sprechen

und damit anzeigen, daß der verwandelte Leib Christi zugleich der Ort ist, an dem die Menschen in die Gemeinschaft mit Gott und miteinander eintreten und so definitiv leben können in der Fülle des unzerstörbaren Lebens. Da wir selbst keine Erfahrung einer solchen erneuerten, veränderten Weise von Materialität und Leben haben, ist es nicht verwunderlich, daß dies den Bereich dessen, was wir uns vorstellen können, überschreitet. Wesentlich ist, daß mit der Auferstehung Jesu nicht irgendein Toter irgendwann einmal revitalisiert wurde, sondern das in der Auferstehung Jesu Christi ein ontologischer, das Sein als solches berührender Sprung geschah, daß eine Dimension eröffnet wurde, die uns alle angeht und die für uns alle einen neuen Raum des Lebens, des Mitseins mit Gott geschaffen hat. Wenn wir den Zeugen wachen Herzens zuhören und uns den Zeichen öffnen, mit denen der Herr sie und sich selbst immer neu beglaubigt, dann wissen wir es: ER IST WAHRHAFT AUFERSTANDEN. Es ist der Lebende. Ihm vertrauen wir uns an und wissen, daß wir auf dem rechten Weg sind. Mit Thomas legen wir unsere Hände in die durchbohrte Seite Jesu und bekennen:

„MEIN HERR UND MEIN GOTT!" (Joh 29,28)

(Jesus von Nazareth 2, 298-300; 302)

Bild: © shutterstock.com

JESUS, du hast deine Boten in die ganze Welt gesandt, die Frohe Botschaft zu bezeugen. Rüste uns dafür mit dem HEILIGEN GEIST aus. Amen! Halleluja!

DIE 10 GEBOTE GOTTES

1. Ich bin der Herr dein Gott. Du sollst neben mir keine anderen Götter haben
2. Du sollst den Namen Gottes nicht verunehren
3. Du sollst den Tag des Herrn heiligen
4. Du sollst Vater und Mutter ehren, damit du lange lebst und es dir wohlergehe auf Erden
5. Du sollst nicht töten
6. Du sollst nicht die Ehe brechen
7. Du sollst nicht stehlen
8. Du sollst kein falsches Zeugnis geben wider deinen Nächsten
9. Du sollst nicht begehren deines Nächsten Frau
10. Du sollst nicht begehren deines Nächsten Gut.

DIE 5 GEBOTE DER KATHOLISCHEN KIRCHE

1. Du sollst die gebotenen Feiertage halten
2. Du sollst an Sonn- und Feiertagen der hl. Messe andächtig beiwohnen
3. Du sollst die gebotenen Fasttage halten
4. Du sollst deine Sünden jährlich wenigstens einmal beichten (Weihnachts- oder Osterzeit)
5. Du sollst wenigstens einmal im Jahr die hl. Kommunion empfangen, und zwar zur österlichen Zeit.

DIE 6 GRUNDWAHRHEITEN

1. Es ist e i n Gott
2. In Gott sind d r e i Personen: Der Vater, der Sohn und der Heilige Geist
3. Gott ist ein gerechter Richter, der das Gute belohnt und das Böse bestraft - Gott ist die Liebe
4. Der Sohn Gottes ist Mensch geworden, damit er uns durch seinen Tod am Kreuz erlöse und ewig selig mache
5. Die Seele des Menschen ist unsterblich
6. Nur mit der Gnade Gottes können wir selig werden.

Jeden SONNTAG OSTERN feiern - mit der Erneuerung des TAUFVERSPRECHENS

Jesus ist am **„ersten Tag der Woche"** von den Toten auferstanden: Mt 28,1; Mk 16,2; Lk 24,1; Joh 20,1. Der „erste Tag" ist für Christen der erste der Tage, der **TAG des HERRN**, der **SONNTAG**. „Am Sonntag kommen wir zusammen, weil er der Tag ist, an dem Gott die Welt erschaffen hat, und weil Christus an diesem Tag auferstanden ist" (hl. Justin). Durch die Taufe ist der Christ „eingetaucht" in Jesu Tod und Auferstehung. Durch **Taufe** und **Glaube** (Mk 16,16) werden wir kraft der Verdienste Christi gerettet. Wir müssen gläubig JA zu GOTT und JESUS sagen - wie in der **OSTERNACHT bei der Erneuerung des Tauf-Versprechens**.

Da aber jeder Sonntag ein „Ostern" ist, könnte an jedem Sonntag das Taufversprechen erneuert werden.

Gebet zur Erneuerung des Tauf-Versprechens

„HERR JESUS, ich entscheide mich (erneut) für GOTT und erneuere mein TAUFVERSPRECHEN: Ich WIDERSAGE dem Satan und seinen Versuchungen! Ich GLAUBE an den dreifaltigen GOTT! JESUS, ich sage JA zu Dir, übergebe Dir mein Leben und weihe mich dei-nem heiligsten Herzen. Dein Evangelium will ich leben und als Heimatmissionar bezeugen. Gib mir deine Liebe, damit ich GOTT und meine Nächsten lieben kann. - MARIA, du Mutter des Herrn und der Kirche, sei auch meine Mutter! Ich weihe mich deinem Unbefleckten Herzen. Bewahre mich im Glauben und in der Reinheit. Mit deiner Hilfe will ich JESUS in den Menschen dienen. Führe mich einst in die Glückseligkeit des Himmels. Amen."

Tipps für in Leben als Christ

*Gott den 1. Platz im Leben einräumen

* Täglich im Evangelium lesen

* Täglich mit Gott im Gebet sprechen

* Die Begegnung mit Jesus in der
Sonntags-Messe (Kommunion) suchen

* Monatlich beichten

* Gemeinschaft mit Gläubigen suchen

* Taten der Liebe

* Missionarisch tätig werden.

WARUM SIE DIE BIBEL LESEN SOLLTEN

„Mein Sohn, achte auf das, was ich dir sage. Höre meinen Worten gut zu. Vergiss sie nicht, sondern bewahre sie tief in deinem Herzen, denn sie schenken jedem, der ihren Sinn versteht, Leben und Gesundheit" (Sprüche 4,20-22).

Die Bibel ist kein gewöhnliches Buch. Die Worte auf ihren Seiten sind wie Medizin für Ihre Seele. Sie hat die Kraft, Ihr Leben zu verändern, weil Gottes Wort lebendig ist! Wenn Sie die Kraft und Wahrheit in Gottes Wort entdecken, werden Sie Veränderungen in Ihrem Leben feststellen, die nur diese Wahrheit bewirken kann. Sie werden auch die Lügen erkennen, die der *Lügner* (Satan) Ihnen einflüstern will.

Wenn Sie gerade erst angefangen haben, die Bibel zu lesen oder sich dabei unsicher fühlen, dann denken Sie nicht, dass Sie die ganze Bibel auf einmal durchlesen oder alles sofort verstehen müssen. Haben Sie Geduld mit sich selbst. Wichtig ist nur, dass Sie irgendwo anfangen und dranbleiben. Denn jedes Mal, wenn Sie sich mit der Bibel beschäftigen und sie aufmerksam lesen, werden Sie etwas lernen.

In Sprüche 4,20 heißt es: „Mein Sohn, achte auf das, was ich dir sage ..." Das ist wichtig zu verstehen, denn auf etwas achten bedeutet mehr als es nur lesen – es heißt, darüber nachdenken und es sich immer wieder durch den Kopf gehen lassen. Wenn wir das Wort Gottes lesen und darüber nachdenken und lernen, ihm mehr als allem anderen zuzustimmen, wird uns das Leben und die heilende Kraft Gottes erfüllen.

Joyce Meyer

DIE KIRCHE EMPHIELT DIE TÄGLICHE WORT-GOTTES-LESUNG

„Da wir alles in Christus erneuern wollen, ist uns nichts erwünschter, als dass die Gläubigen das Evangelium zu häufiger, ja täglicher Lesung in ihrem Besitz haben. Aus ihm kann man zuallererst lernen, wie alles in Christus erneuert werden kann und muß." *hl. Papst Pius X.*

„Wir wollen nach dem Vorbild des hl. Hieronymus alle Christen unablässig *zur täglichen Schriftlesung* auffordern. Alle sollten es sich zur Gewohntheit machen, das Neue Testament *täglich zu lesen und zu betrachten."* *Papst Pius XII."*

„Alle werden Christus umso inniger lieben und treuer nachahmen, je mehr sie zur Kenntnis und Lesung des Neuen Testamentes angeeifert werden. Hier werden alle Christus erkennen." *Papst Benedikt XV.*

„Der Zugang zur Heiligen Schrift muß allen Gläubigen weit offen stehen." *2. Vatikanisches Konzil*

„Ich stelle euch die folgende Frage: Lest ihr jeden Tag einen Abschnitt aus dem Evangelium? Ja, nein ... ja, nein ... Manche schon und andere nicht. Es ist aber wichtig! Lest ihr das Evangelium? Es ist eine Wohltat; es tut gut, ein kleines Evangelium bei sich in der Tasche zu haben und sich in jedem beliebigen Moment des Tages einem kurzen Abschnitt daraus zu widmen. Während des Tages kann ich das Evangelium jederzeit aus meiner Tasche hervorholen und eine Stelle daraus lesen. Jesus spricht zu uns aus dem Evangelium! Denkt daran."

Papst Franziskus

Katholische Bibelwerke

Wir verbreiten die **Bibel**
Wir arbeiten für das **Wort Gottes**
Wir werben für die **Heilige Schrift**

Wir informieren durch:

* bibelpastorale Bildungsveranstaltungen
* bibelpastorale Literatur
* bibelwissenschaftliche Literatur
* bibelwissenschaftliche Zeitschriften

Wir laden ein:

* Tauchen Sie ein in die Welt der Bibel
* In der Bibel finden Sie,
  was Sie zum Leben wirklich brauchen
* Bibelleserinnen und Bibelleser
  bilden eine weltweite Gemeinschaft

www.bibelwerk.at

informiert Sie über neue erschienene biblische und bibelpastorale Literatur sowie über bibelpastorale Angebote und Veranstaltungen in ganz Österreich.

Wir besorgen für Sie jedes lieferbare Buch.

Österreichisches Katholisches Bibelwerk
Bräunerstraße 3/1. Stock, 1010 Wien / 0043/1/516 11 1560
E-Mail: sekretariat@bibelwerk.at

Bibelwerk Linz
Kapuzinerstr. 84, 4020 Linz. 0043/732/610-3231
E-Mail: bibelwerk@dioezese-linz.at

Katholisches Bibelwerk e.V. Stuttgart
Deckerstr. 39, D-70372 Stuttgart / 0049-711-61920-50
E-Mail: bibelinfo@bibelwerk.de

Wir danken für Ihre Kommentare:

Altbischof DDr. Klaus Küng - Kapitel 1
Diözesanbischof Dr. Ludwig Schwarz - Kapitel 2
P. Rathan Almeida OCD - Kapitel 3
Weihbischof DI Mag. Stephan Turnovzsky - Kapitel 4
Weihbischof Dr. Andreas Laun - Kapitel 5
P. Wolfgang Frühwirt OFM - Kapitel 6
Pfarrer GR Guido Becker - Kapitel 7
P. Reinhard Kofler CM - Kapitel 8
Altmilitärbischof Mag. Christian Werner - Kapitel 9
P. Paul Weingartner OCD - Kapitel 10
Pfarrer Mag. Christian Sieberer - Kapitel 11
+ Kardinal Dr. Joachim Meissner - Kapitel 12
Mag. P. Pio Suchentrunk O.Cist - Kapitel 13
Rektor P. Hubert Dybala CP - Kapitel 14
Hw. Dr. Ernst Pöschl - Kapitel 15
Erzbischof Dr. Franz Lackner OFM - Kapitel 16 - 1. Kommentar
Papst em. Benedikt XVI. - Kapitel 16 - 2. Kommentar

Bei der **Kath. Neuevangellsierung Wien** sind weiters erhältlich:
* **Matthäus-Evangelium** mit Kommentaren in 2 Bänden
* **Lukas-Evangelium** mit Kommentaren in 2 Bänden
* **Apostelgeschichte** mit Kommentaren in 2 Bänden

Glaubens-Booklets (Format 10x21cm) zu verschiedenen Themen.
Kath. Neuevangelisierung, Herbeckstraße 62 / Salon, 1180 Wien
Email: heute.glauben@gmail.com. Tel.: 0043/650/67 41 371

ÜBER tredition - EIN EIGENES BUCH VERÖFFENTLICHEN

tredition wurde 2006 in Hamburg gegründet. Seitdem hat **tredition** mehrere tausend Buchtitel veröffentlicht. Autoren veröffentlichen in wenigen einfachen Schritten gedruckte Bücher, e-Books und audio-Books. **trediton** hat das Ziel, die beste und fairste Veröffentlichungsmöglichkeit für Autoren zu bieten. **tredition** wurde mit der Erkenntis gegründet, dass nur etwa jedes 200. bei Verlagen eingereichte Manuskript veröffentlicht wird. Dabei hat jedes Buch seinen Markt, also seine Leser. **tredition** sorgt dafür, dass für jedes Buch die Leserschaft auch erreicht wird. Im einzigartigen Literatur-Netzwerk von **tredition** bieten zahlreiche Literatur-Partner (das sind Lektoren, Übersetzer, Hörbuchsprecher und Illustratoren) ihre Dienstleistung an, um Manuskripte zu verbessern oder die Vielfalt zu erhöhen. Autoren vereinbaren direkt mit dem Literatur-Partner die Konditionen ihrer Zusammenarbeit und partizipieren gemeinsam am Erfolg des Buches. Das gesamte Verlagsprogramm von **tredition** ist bei allen stationären Buchhandlungen und Online-Buchhändlern wie z.B. Amazon erhältlich. e-Books stehen bei den führenden Online-Portalen (z.B. iBookstore von Apple oder Kindle von Amazon) zum Verkauf.

EINE BUCHREIHE ODER VERLAG GRÜNDEN

Seit 2009 bietet **tredition** sein Verlagskonzept auch als sogenanntes „White-Label" an. Das bedeutet, dass andere Personen und Institutionen risikofrei und unkompliziert selbst zum Herausgeber von Büchern und Buchreihen unter eigener Marke werden können. **tredition** übernimmt dabei das komplette Herstellungs- und Distributionsrisiko.

Zahlreiche Zeitschriften, Zeitungs- und Buchverlage, Universitäten, Forschungseinrichtungen uvm. nützen diese Dienstleistung von **tredition** unter eigener Marke ohne Risiko, um Bücher zu verlegen.
Alle Informationen im Internet unter www.tredition.de/Buchverlag

tredition wurde mit mehreren Innovationspreisen ausgezeichnet, u.a. Webfuture Award und Innovationspreise der Buch-Digitale.
tredition ist Mitglied des Börsenvereines des Deutschen Buchhandels.

Zeitfracht Medien GmbH
Ferdinand-Jühlke-Straße 7
99095 Erfurt, Deutschland
produktsicherheit@kolibri360.de